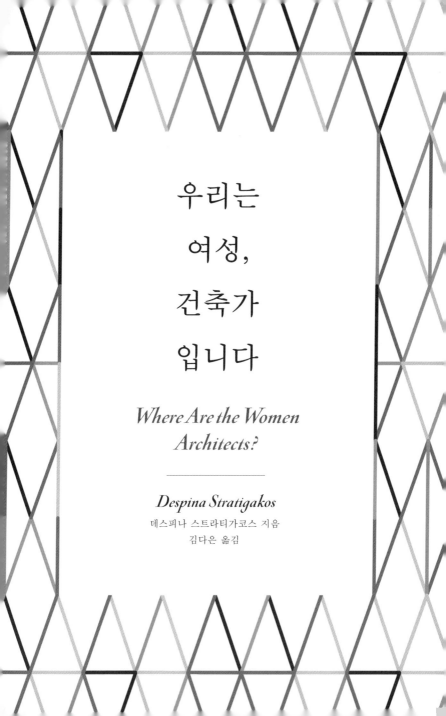

우리는
여성,
건축가
입니다

Where Are the Women
Architects?

———————

Despina Stratigakos
데스피나 스트라티가코스 지음
김다은 옮김

● 일러두기

1 옮긴이 주는 글줄 상단에 맞추어 작게 표기했다.
2 단행본, 정기간행물에는 《 》를, 방송, 영화, 기사, 글에는 〈 〉를 사용했다.
3 본문에 인터넷 아이디가 나오는 경우 알파벳을 그대로 표기했다.
4 인명, 지명 등 외래어 고유명사는 국립국어원의 외래어 표기법을 따라 표기했다.
  단, 일부 관용적 표기는 그대로 사용했다.
5 책 말미에 수록된 부록은 원서에 없는 내용으로, 눌와 편집부에서 작성한 것이다.

이 도서의 국립중앙도서관 출판예정도서목록(CIP)은 서지정보유통지원시스템 홈페이지
(http://seoji.nl.go.kr)와 국가자료종합목록시스템(http://www.nl.go.kr/kolisnet)에서 이용하
실 수 있습니다.(CIP제어번호: CIP2018036383)

결혼 지참금으로 결혼하는 대신 공부해서
선생님이 된 한 여자와
여자라는 이유로 교육받지 못하고
학교 계단에 앉아 울던 한 여자,

나의 두 할머니께 이 책을 바칩니다.

차례

여성 건축가는 어디에 있을까

강의실로 걸어 들어갈 때, 학회장이나 회의실에 앉아 있을 때, 수상작을 선정하거나 박람회장을 돌아다닐 때도 의문이 드는 순간이 너무나 많다. "여성 건축가는 다들 어디에 있을까?" 이는 나의 질문만은 아니다. 140년 전부터 건축을 공부한 여성들이 왜 지금까지도 이 직업에 제대로 발붙이지 못했는지 그 이유를 묻는 외침이 수년간 계속되고 있다. 1980년대 이후 건축과에 입학하는 여학생 수는 꾸준히 증가했지만, 실제 활동하는 여성 건축가 수는 변함이 없고 경력이 쌓일수록 숫자는 더 줄어든다. 업계의 정점에서 상을 받고 명예를 거머쥔 건축가 중 여성은 거의 찾아볼 수도 없다. 경력 사다리를 올라가며 여성이 마주하는 장애물과 그로 인해 줄어드는 여성의 수를 확인해보면 유리 천장이나 새는 파이프라인 같은 건축적 비유가 자연스레 떠오른다. 하지만 이렇게 상실해버린 수많은 여성의 꿈과 야망과 업적을 가만히 생각하면 그보다 더욱 적절한 표현은 비극이라는 생각이 든다.

나는 이 책에서 건축업계의 명예를 실추시켜온 고질적인 문제이자 지금도 전혀 해결될 기미가 보이지 않는 이 문제를 꼼꼼히 살펴보려 한다. 1장에서는 이러한 문제가 1870년대부터 1970년대까지 어떤 상황과 맥락에서 지속되어왔는지 살펴본다. 19세기부터 여성과 남성 구분할 것 없이 건축업계 내 여성의 부재에 대한 의문을 제기했다. 그중에는 변화를 촉구하는 목소리도 있었지만, 현상 유지를 외치는 목소리도 있었다. 여러 저자가 기존의 책에서 이미 다룬 내용처럼 여성의 업계 진출 역사를 순차적으로 기록하는 대신, 건축계 역사에서 업계 내 젠더 이슈를 인지하고 또 무시하며 아주 오래전부터 반복되어온, 끝나지 않은 대화를 되짚어보고자 한다.

2장에서는 여성이 건축업계에서 공부를 시작하고 전문 경력을 쌓아가며 겪는 경험을 살펴보며 현재 상황으로 논의를 확대한다. 2장의 내용을 통해 업계에 진출하는 여성들이 최근 몇 년 동안 유례없이 극심하게 줄어드는 이유를 명확하게 알 수 있으며, 통계 자료를 보면 경각심을 느끼지 않을 수 없다. 여성 건축가는 졸업 후 업계에 발을 들이고 자리를 유지하기 위해 여전히 고군분투해야 한다. 성별에 따른 임금 격차는 사라지지 않았고 성차별적 문화는 악화되는 것만 같으며 여성은 리더 역할을 맡기에 불충분하다는 인식 역시 상당히 견고하다. 이 모든 상황을 살펴보고 나면 여성이 건축업계를 떠나는 이유가 아니라 애초에 업계에 진출하려는 이유가 궁금해질 정도이다.

하지만 과거와 다른 방식을 활용하는 새로운 세대가 등장했고, 이들은 건축업계 내외의 여성 부재 문제를 성평등 논의의 중심으로 이끌어냈다. 계속되었던 절망적이고 암울한 상황이 변화하기 시작했다. 실제로 이 책은 건축업계 안에서 새로 일고 있는 제3의 페미니즘 물결을 명확하고 견고하게 하기 위해 쓰였다. 제1의 페미니즘 물결은 19세기 말 시작되었고, 제2의 물결은 1970년대 초부터 1990년대까지 계속되었으며 현재 일어난 제3의 물결과 제2의 물결을 뚜렷하게 구별할 수는 없다. 동참하는 인물 대다수가 같고, 그들은 과도기에도 목소리를 냈기 때문이다. 그렇지만 국제적 영향력을 지닌 수많은 젊은이가 변화를 외치는 목소리에 동참하고 있기에 제3의 물결을 새로운 움직임으로 볼 수 있다. 이 물결을 이끄는 젊은 세대는 글로벌 마케팅과 새로운 형태의 통신 기술 등 오늘날의 상황과 가능성을 활용한다.

2011년 마텔Mattel에서 선보인 건축가 바비Architect Barbie는 국제적인 관심을 받았다. 이는 소셜 미디어가 건축업계의 성차별적 현상에 문제의식을 일으킬 수 있음을 처음으로 보여준 사례였다. 3장에서는 새롭게 등장한 바비를 둘러싼 다양한 논의를 살펴본다. 건축가 바비를 지지하는 이들과 비판하는 이들이 나눈 활발한 논의를 통해 여성 건축가의 현실을 상세히 들여다보고 여성들이 변화를 원한다는 사실을 파악했다. 더 나아가 변화를 성취하는 방식에서 기성세대와 새로운 세대 간의 관점 차이가 있다는 것도 확인했다. 또한 바비는 롤 모델의 부재라는 문제를 드러냈는데, 실제 여성 건축가의 부재뿐 아니라 대중문화 속 여성 건축가의 이미지 부재를 분명히 보여주었다. 수많은 TV 프로그램과 영화, 소설에서 여성 의사나 변호사를 강한 캐릭터로만 묘사하는 것도 문제지만 건축가로 설정된 여성 인물은 찾아보기조차 힘들다.

건축상을 살펴보아도 여성의 부재가 극명히 드러난다. 4장에서는 건축계에서 가장 명예로운 상을 수여하는 시상식에서 여성을 찾아보기 힘든 이유를 살펴본다. 2004년 자하 하디드 Zaha Hadid가 프리츠커 건축상Pritzker Architecture Prize, 이하 프리츠커상의 유리 천장을 깨고 수상자가 되었을 때 언론의 반응이 어땠는지 돌아보며 시작한다. 여성은 혁신적인 창작자로서 부족하다는 편견이 19세기부터 시작되어 현재까지도 계속되고 있음을 알 수 있다. 데니즈 스콧 브라운Denise Scott Brown의 경우를 보면 분명하다. 1991년 프리츠커상은 스콧 브라운의 남편이자 동업자인 로버트 벤투리Robert Venturi에게 단독 수여되었다. 스콧 브라운과 함께 이룬 업적임에도 불구하고 말이다. 이 장은 온라인 청원 사이트 체인지Change.org에 뒤늦게라도 스콧 브라운의 업적을 인정해달라는 청원을 올린 하버드 건축학과의 두 여학생 이야기로 끝을 맺는다. 두 여학생은 SNS를 전략적으로 활용하는 젊은 페미니스트 세대를 대표한다. 이 청원에는 전 세계에서 2만 명 이상이 동참했으며, 비록 프리츠커상 위원회가 수상 기록을 번복하게 하는 데는 실패했지만 업계를 뒤흔들었다.

스콧 브라운 청원은 과거 비평가와 심사위원들이 여성 건축가를 얼마나 과소평가해왔는지 국제적으로 알리는 계기가 되었다. 그 과정에서 인터넷이 큰 역할을 한 것은 사실이지만 디지털 기술 자체가 해결책이 될 수는 없다. 아무리 디지털 시대라 해도 더 많은 여성 건축가가 새로운 정보통신기술을 적극적으로 활용해 자신을 드러내지 않는다면, 여성 건축가의 존재나 업적에 대한 정보를 접하고 인지하기 어려운 현 상황에서 나아지지는 않을 것이다. 5장에서는 계속해서 건축업계의 성평등 문제를 살펴보며 위키피디아Wikipedia를 중심으로 한 디지털 행동주의digital activism에 대해 다룬다. 최근 페미니스트 비평가들은 여성 정보 등재에 편견을 가진 남성 사용자들이 위키피디아에서 여성의 존재를 삭제하거나 축소한다는 점에 주목하고 있다. 여성 건축가 또한 이처럼 삭제당하는 상황에서 예외가 아니다. 따라서 5장에서는 위키피디아에서 여성 건축가 정보를 찾아볼 수 없는 이유와 이와 같은 웹사이트에 주목해야 하는 이유를 생각해보았다.

제3의 페미니즘 물결에는 자연스레 반작용이 뒤따랐다. 변화를 거부하며 근본적인 실력주의를 주장해온 이들 또한 성별이 문제가 아니라 오직 실력으로 성공 여부가 결정되어야 한다며 소셜 미디어의 힘을 빌려 외치고 있다. 그러나 여성에게 비친화적인 업계 환경 때문에 이미 귀중한 실력자들이 상당히 사라졌다는 사실을 알아야 한다. 이런 상황이 계속되면 아무리 노력해도 반쪽짜리에 불과한 업계가 될 것이다.

지금 건축업계는 역사상 중대한 시점에서 고질적인 여성 차별 문제를 고민하고 바로잡는 쉽지 않은 도전을 해나가고 있다. 이 책이 다양한 관점에서 도움이 되기를 바란다. 그와 동시에 분명하게 요청하고 싶다. 당신이 나와 같이 건축을 사랑하고 건축업계가 진정 모두를 포용하기를 원하는 사람이라면 목소리를 더 크게 내고 문제를 일으켜야 한다.

여자가 건축을 할 수 있을까?:
논쟁의 시작

여성 건축가의 부재에 대한 의문은 생각보다 훨씬 오래전부터 제기되어왔다. 1872년 7월 여성인권 운동가 줄리아 워드 하우Julia Ward Howe가 런던에서 열린 빅토리아 토론회Victorian Discussion Society에서 여성 예술가에 대한 강연을 했다. 하우는 여성들에게 건축적 재능과 기여 가능성이 있는데도 왜 건축업계에 종사하는 여성이 없는지 의아해했다. "건축가에게는 감각이 있어야 합니다. 하지만 필요한 벽돌 수를 계산하고 이윤을 헤아릴 줄만 아는, 감각도 아이디어도 없는 건축가가 대부분이죠. 그리고 여성들은 이들 밑에서 일하기 위해 고군분투합니다." 이윤 중심적 사고방식을 지닌 남성과 비교해 여성에게는 타고난 미적 감각과 고귀한 정신, 도덕적 성향이 있다는 말이었다. 하우의 설명에는 빅토리아 시대의 여성성 개념이 강하게 반영되어 있었다. 하우는 여성의 창의적인 능력과 "삶의 질을 높이고자 하는" 기질을 고려했을 때, 여성에게는 동시대 여성들이 경악할 정도의 "엄청난 열의"로 질병을 공부하고 해부 실습을 하는 의료계보다 건축계가 더 적합하다고 설명했다.[1]

여성의 건축업계 진출을 주장하기는 했지만 하우 역시 당대의 이상적 여성상에 갇혀 있었다. 하우가 강연 내내 언급한 최고의 여성 예술가는 "착한 딸이자 좋은 아내이고 인자한 어머니"이기도 했다. 직업적 성공을 이루었다 해도 "캔버스, 물감, 붓과 함께 안락한 가정을 유지하는 데 필수적인 빗자루, 프라이팬, 이불도 빠짐없이 잘 챙겨야" 훌륭한 여성 예술가로 평가받았다.[2] 초기의 여성 참정권론자들은 "정상적인" 성역할 경계가 무너질까 우려하는 남성과 여성들의 불안을 누그러뜨리고자 여성이 직업 활동을 위해 가정을 버리는 일은 없을 거라고 주장하기도 했다. 실제로 당대의 운동가 대부분도 집 안이든 밖이든 여성의 가치는 생물학적 차이, 특히 타고나는 것으로 보이는 가정적이며 모성적인 특성에서 파생된다고 생각했다. 그렇기 때문에 여성이 남성처럼 되기위해 가정을 버리는 것이 아니라 아기 침대를 흔들고 걸레질을 하며 갈고닦은 "본질적인" 여성스러움을 공적인 영역으로 끌어내면 사회에 크게 기여할 수 있을 것이라 보았다.[3]

1880년 코넬 대학교의 새로운 건축 교육 프로그램에서 첫 여성 졸업자가 탄생했을 때, 신문에서는 하우가 제기했던 여성 건축가의 "오랜" 부재에 대한 의문을 언급하며 여성 건축가의 영역은 가정적인 부분에 국한될 것이라고 보도했다. 빗자루로 청소를 할 게 아니라면 빗자루를 넣어둘 수납함을 만드는 정도일 거라는 이야기였다. 《워싱턴포스트Washington Post》는 어떤 집을 지어야 하는지 가장 잘 아는 사람은 집 안에서 생활하는 여성들이라고 보도했다. 한술 더 떠《신시내티 인콰이어러Cincinnati Enquirer》는 여성 건축가가 사적인 영역, 즉 가정과 관련된 부분의 건축에만 관여해야 한다고 주장했다. 여성들이 부엌과 지하 저장고, 벽장, 하인들의 생활공간을 설계하는 데 능력을 쏟는다면 그들의 사회 진출 덕에 세상이 더 나아질 것이라는 뜻이었다. 첫 번째 여성 졸업자인 마거

독일 최초의 여성 벽돌공인 카타리나 파이퍼
(*Die Frau im Osten* 6, 1912)

릿 힉스Margaret Hicks가 이러한 영역에 아예 관심을 두지 않
은 것은 아니었지만 힉스의 포부는 그보다 훨씬 컸다. 힉스
의 졸업 논문 주제는 공동주택 리모델링이었다.[4]

하지만 건축을 남성의 전유물로 지켜내고자 했던 사람들은
조금도 양보할 생각이 없었다. 통합에 반대하는 사람은 수
없이 많았고 주로 업계에서 영향력이 큰 남성들이었다. 그
들은 단호하게 거부 의사를 밝혔다. 1902년 《브리티시 아키
텍트*British Architect*》의 편집자 토머스 래글스 데이비슨Thomas
Raggles Davison은 〈여자가 건축을 할 수 있을까?May Women
Practise Architecture?〉라는 제목의 기사에서 여자는 건축을 할
수 없다고 결론지었다. 데이비슨은 많은 남성 비평가들이 그
러했듯 몹시 정중한 어조로 자신은 건축만이 아니라 여성을

보호하려는 것이라 설명했다. 그는 자연적으로 여성에게 주어진 특성이자, 남성이 매력을 느끼는 그 특징들 때문에 여성은 건축업에 적합하지 않다고 보았다. 특히 여성은 "훌륭한 건축적 디자인"을 하기에 "기질적으로 부적합"하며 "가볍고 쉽게 변화하며 화려한" 장식적 성향이 있고 건축에 필요한 "결단력과 변함없는 관점, 신중함"이 부족하다고 주장했다. 즉, 훌륭한 건축을 위한 중요하고 필수적인 자질들을 고려했을 때 여성은 선천적으로 치명적인 결함이 있다고 보았다. 그러면서 큰 배려라도 하는 듯한 어조로, 여성이 건축업계에서 활동하며 높은 성과를 달성하는 대신 여성으로서 가장 중요한 매력과 영예를 지켜낼 수 있다면 남성 입장에서는 당연히 기뻐할 만한 긍정적인 일이라고 말했다.[5]

독일의 영향력 있는 건축 비평가 카를 셰플러Karl Sheffler는 1908년 성별과 창조성에 관한 논문을 발표했다. 그는 데이비슨과 같이, 하지만 정중하게 꾸민 어투는 걷어내고, 성별에 따라 예술 영역에서의 능력이 달라진다고 주장했다. 셰플러는 자연의 섭리를 거슬러 무모하게 예술적 생산성을 좇는 여성은 그 대가로 여성성을 잃게 된다고 말했다. 그 결과 "과민한 자웅동체"가 되어 당시 여성 예술가 사이에 "끔찍하게" 퍼져 있다고 경고된 동성애에 빠지기 쉽고 지나친 성욕 때문에 매춘 여성이 될 수도 있다고 설명했다. 셰플러는 여성의 일탈로 인해 개인적·사회적 대가가 발생할 뿐 아니라 예술 자체도 위험해진다고 보았는데 그가 가장 남성적인 예술이라 보는 건축이 특히 그러했다. "여성과 건축은 반드시 아주 멀리 떨어져 있어야 한다."[6] 셰플러는 명확히 선을 그었다. 사실 셰플러는 여성적 성향을 지닌 남성도 건축업계에 발 들이는 일을 삼가야 한다고 보았다. 1909년에 쓴 글에서는 건축 작업은 본질적으로 강력한 남성성이 요구된다고 강조했다. 그는 "우리 시대는 아이디어와 행동력을 모두 갖춘 사람을 갈망하고 있다."며[7] 건축가는 "최상의 포부"를 추구하며 "위대한 남성성"을 갖춘 이들이라고 주장했다.[8] 이어 강인하며 힘이 넘치고 권위적인 남성 건축가가 바로 "행동하는 사람"이라고 역설했다.[9]

2년 후인 1911년, 독일 건축가 오토 바르트닝Otto Bartning도 〈여자가 건축을 해야 할까?Should Women Build?〉라는 기사에서 같은 논조를 이어갔다. 바르트닝은 여성이 고객의 의견을 너무 잘 들어주기 때문에 여성적인 건축 또는 힘없는 건축을 한다며 냉담한 태도를 보였다. 또한 협력적인 태도로 디자인에 접근하면 건축가의 자율성이라는 남성적 이상이 손상된다고 주장했다. 특히 가정주부가 디자인 작업에 참여하면 "툭하면 골치 아픈 의견"을 내서 "정확한 계획 실행"을 망치게 되고 "본질적"인 문제에서 벗어나 "주변적"인 부분에 집중하게 되어 결국 그가 말하는 "여성적인" 건축이 된다며 반대했다. 바르트닝의 관점에서 힘 있는 건축은 "역경과 고난, 오해"에 맞서 자신의 비전을 찾고 실행해나가는 것으로, 여성적인 건축과는 전혀 다른 특징의 남성적인 과정을 통해서만 완성될 수 있었다. 사실 바르트닝이 주목했던 건 여성 건축가가 아니라 남성성이 부족한 남성 건축가들이었다. 그는 당대 건축업계의 문제를 짚어내며 문제 해결을 위해 필요한 것은 지극히 남성적인 건축가라고 주장했다.[10]

여성 건축가의 업계 진출에 맞섰던 극심한 반대는 개인적인 수준을 넘어 교육 정책, 입시 조건, 건축가 협회 운영에도 영향을 미쳤다. 또한 건축가라는 직업 내에 쉽게 사라지지 않을 뿌리 깊은 관행을 형성했다. 고객과의 이견 조율 등 여성적이라 여기는 특성들을 억제하고 깎아내렸으며 동시에 건축가는 공격적 성향이 필요한 지나치게 남성적인 직업이라는 이미지가 커져 남성에게도 진입 장벽이 높아졌다. 1943년 발표되어 큰 반향을 일으켰던 에인 랜드Ayn Rand의 소설《파운틴헤드Fountainhead》에는 마초적인 인물 하워드 로크Howard Roark가 등장하는데, 그의 모습에서 당시 새롭게 등장한 이상적 남성상을 찾아볼 수 있다. "뛰어난" 건축가 로크는 남성적인 잔인함으로 자신의 주장을 관철시키고, 그러한 폭력성은 영웅적으로 묘사된다. 로크는 자신의 위대한 작업물이 의견 절충으로 모독되었다며 폭파하고, 자신을 무시한 여성을 악랄한 성폭행으로 차지하기도 한다.[11] 실제로 따라 할 수 없는 행동이지만, 이 소설은 출간 후 수십 년 동안 건축학도들 사이에서 종교처럼 숭배되었다. 이러한 "영웅화" 현상은 여성을 업계 바깥으로 쫓아냈을 뿐만 아니라 남성을 틀 안에 가두어버렸다.[12]

페이 켈로그가 베를린 시청 지붕을 보수하고 있다
(*Illustrierte Frauenzeitung* 38, 1910)

남성 건축가나 언론이 여성 건축가를 심하게는 성적으로 타
락한 사람, 기껏해야 빗자루 수납함 디자이너로 묘사하는 것
에 대해 여성들은 분개했다. 언론에서 차별적 관점을 스스
로 인지하는 경우도 드물게 있었다. 1911년 《볼티모어 선
Baltimore *Sun*》에서는 다음과 같은 기사를 썼다. "여성 건축가
는 자신의 이름에서 옷장을 떠올린다는 사실에 분개한다고
한다. '마치 우리는 옷장밖에 만들 줄 모르고, 멀쩡한 남자 건
축가들은 필수적인 그 많은 옷장을 전혀 만들 줄 모르는 것
처럼 말이죠.'"[13] 이러한 인식을 바꾸기 위해 물불 가리지 않
고 노력하는 여성 건축가도 있었다. 1911년, 뉴욕의 성공한
건축가 페이 켈로그Fay Kellogg는 자신이 짓고 있는 건물 9층
높이의 "위험하게 흔들거리는 철제 빔" 위에 서서 인터뷰를
하겠다고 했다. 여성에게 특별히 적합한 건축 분야가 있냐는

질문에 그녀는 다음과 같이 답했다. "여성 건축가라고 작은 작업에 만족해야 한다고 생각하지 않습니다. 여성도 상업 건축으로 진출해야 합니다. 이는 돈과 명예가 만들어지는 영역이죠. 온갖 장비를 다 갖추고 슬금슬금 나아가는 모습을 보고 싶은 것이 아닙니다. 남자들과 똑같이 앞으로 나아가야 합니다. 용기만 있다면 무엇이든 할 수 있어요." 기사는 뉴욕 한복판이 내려다보이는 높이에서 휘청거리면서도 행복해하는 건축가의 모습을 몹시 담대하게 묘사했고, 이를 통해 켈로그가 지닌 용기를 확인할 수 있다.[14]

여성 건축가들은 업계 진출 수십 년 만에 만국박람회 등 주목받는 여러 전시장에서 건물 디자인을 선보였다. 여성 건축가에 대한 대중의 인식을 가정 영역 바깥으로 확장해낸 것이다. 전시는 대부분 19세기 말부터 보편화된 여성작품관에서 열렸다. 미국과 유럽에서는 여성작품관을 통해 여성이 가정과 국가에 기여하는 바를 구체적이고 가시적으로 보여줌으로써 여성의 사회 경제적 지위를 향상하기 위해 노력하고 있었다. 여성 건축가의 건축물이 전시된 박람회로는 1893년 시카고 만국박람회(소피아 헤이든Sophia Hayden), 1895년 애틀랜타 만국박람회(엘리스 머커Elise Mercur), 1897년 테네시 100주년 세계박람회(사라 워드콘리Sara Ward-Conley), 1913년 라이프치히 국제도서전(에밀리 빙켈만Emilie Winkelmann), 1914년 쾰른에서 개최된 독일공작연맹 전시회(마거리트 크누펠홀즈로이저Margarete Knüppelholz-Roeser) 등이 있다.[15] 근대 건축 발전의 분수령으로 평가받는 독일공작연맹 전시회의 여성작품관인 여성의 집Haus der Frau은 장식을 극단적으로 생략한 디자인으로 큰 반향을 불러일으켰다. 일부 비평가들은 "여성적 우아함"이 결여된 건축물은 여성의 작품으로 적합하지 않고 남성의 옷을 빌려 입은 가장무도회 같다고 조롱했다. 극단적인 남성성을 강조했던 바르트닝의 비평과 유사한 맥락으로, 어느 강경한 비평가는 다른 남성 건축가들의 작업을 비난하기 위해 남성적이라는 평판을 받는 여성 건축가의 작업물을 들먹이기도 했다.[16] 반면 그로부터 20년 전 시카고 만국박람회의 여성작품관에서 선보인 헤이든의 작품은 정반대의 이유로 비난을 받았다. 여성의 작품에는 "여성성"이 있어야 한다고 말하면서도 그 여성성 때문에 남성 건축가들의 "노련한" 건축물과 달리 인상적이지 않고 소극적이라는 지적을 한 것이다.[17]

성별과 스타일을 둘러싼 이러한 비판 속에서 여성 건축가들이 방향성을 찾기란 쉽지 않았다. 상당히 주관적이며 규정할 수 없는, 너무 여성적이라거나 남성적이라는 식의 비난을 피하고자 노력해야만 했다. 앞에서 언급했듯 성별로 경계를 나누면서 남성에게도 남자다움을 강요하는 제한적인 틀이 생겨나긴 했지만, 남성 건축가의 작업이 성별만으로 평가되는 경우는 몹시 드물었다. 한 가지 예외는 남성이 가정과 관련된 영역의 설계를 잘하지 못한다는 평가였고, 바로 그 지점에서 여성 건축가가 필요하다고 여겨졌다. 하지만 남성 건축

가의 결점은 성별 때문에 나타나는 능력 부족이 아니라 남성
성에 문제가 생기지 않을 정도로만 노력한다면 보완할 수 있
는 관심이나 지식의 부족으로 여겼다. 남성의 건축물이 "너
무 여성적"이라는 이유로 비판을 받을 때도 개인의 결점으로
평가되었을 뿐 성별이 거론되지는 않았다. 그렇기 때문에 바
르트닝을 비롯한 많은 이들은 남성 건축가에게 더 "남자다
워질 것"을 요구할 수 있었다. 반면 여성 건축가가 성공하면
'여성임에도 불구하고' 업적을 이루었다고 평가했다.

여성 건축가들은 박람회에서 전시하는 동시에 권위 있는 건
축 공모에서 선정되어 그들의 폭넓은 작품 세계에 세상의 이
목을 집중시켰다. 그 예로 미국에서 여성 최초로 건축 회사
를 설립한 앨리스 핸즈Alice Hands와 메리 개넌Mary Gannon이
있다. 갓 20대가 된 이 여성들은 1894년 샌프란시스코의 플
로렌스Florence 병원 건축 공모에 당선되었다. 완공 후 두 사
람의 디자인은 "태평양에서 가장 세련되고 실용적인 병원"
이라는 찬사를 받았다.[18] 독일에서 여성 최초로 건축 회사를
설립한 에밀리 빙켈만은 1907년 베를린 알렉산더 광장 근처
의 대형 복합문화센터 건축 공모에 당선되었다. 빙켈만은 비
정형적인 대지 문제를 독창적인 디자인으로 해결해 많은 남
성 경쟁자를 놀라게 하며 큰 호평을 받았다. 레지덴츠 카지
노Resienz-Casino(바이마르 시대에 베를린에서 가장 유명했던
댄스홀)도 빙켈만의 작품이다.[19] 2년 후 1909년에는 영국왕
립건축협회Royal Institute of British Architects, RIBA의 첫 여성 회

원으로 런던에서 활동하던 에설 찰스Ethel Charles가 베를린 교회 건축 공모에서 200명이 넘는 경쟁자를 제치고 당선되었다.[20] 1915년에는 공공정책 포럼 시티 클럽 오브 시카고City Club of Chicago가 미국 내 한 도시를 택해 도시형 지역주민센터를 디자인하는 공모를 주최했고, 이 공모에서 아나 솅크Anna Schenk와 마샤 미드Marcia Mead가 우승했다. 두 사람은 지역 주민들이 집 근처에서 소셜 클럽과 공원, 학교 등을 이용할 수 있도록 브롱크스 지역의 1제곱마일2.6제곱킬로미터 규모를 재구성했다.[21] 1928년에는 스트랫퍼드온에이번에 새로 설립되는 셰익스피어 기념 극장 공모가 있었다. 수상자가 발표되자 건축계 모두가 놀랐는데, 수상자는 영국 건축협회 건축학교Architectural Association School를 갓 졸업한 엘리자베스 스콧Elizabeth Scott이라는 젊은 여성이었다. 스콧은 초기 영국 모더니즘에서 중요시하는 특성을 살린 간결하고 기능주의적인 디자인으로 미국과 영국, 캐나다에서 몰려든 71명의 남성 경쟁자를 제치고 당선되었다. 스콧의 당선 소식은 〈남성을 제치고 우승한 소녀 건축가Girls Architect Beats Men〉 같은 제목으로 세계 곳곳에 떠들썩하게 보도되었다.[22]

하지만 이러한 업적에도 불구하고 여성 건축가는 가정과 관련된 영역 또는 실내 건축에 적합할 뿐 건축가라는 직업에 어울리지 않는다는 고정관념이 여전히 강했다. 북미와 유럽 언론에서는 20세기 중반은 물론이고 1960년대와 1970년대까지도 여성 건축가들이 열악하게 지어진 주택 개선에 힘써야 한다고 호소했는데, 이러한 호소는 사실상 악담에 가까웠다.[23] 여성 건축가들은 이 개선 계획의 한계점을 오래전부터 비판해왔다. 1891년 버펄로에서 10년 동안 성공적으로 건축 회사를 운영하고 있던 루이즈 베튠Louise Bethune은 주택 건축이 "건축가가 하는 일 중 가장 보상이 형편없는 일"이라며 경고했고 이후 페이 켈로그도 같은 논조를 이어갔다.[24] 하지만 자신을 실내 건축 전문가로 마케팅하는 여성 건축가들도 있었다. 그들은 제2차 세계대전 이후 10년 동안 계속된 주택 건축 붐이 새로운 가능성, 수익성 좋은 사업이라 생각했다.[25] 1966년 《시카고 트리뷴Chicago Tribune》은 시카고 주택 디자인 영역에서 성공을 거두고 있는 건축가 잔 베어하임Jean Wehrheim을 "매력적이고 쾌활한 젊은 주부"로 소개하며 여성의 건축업계 진출을 독려하는 잔의 말을 인용했다. "여성은 주택 건축에 필요한 성향을 타고나죠. 남성들은 사무 공간이나 공공 건축처럼 큰 프로젝트를 선호하지만 전 부엌을 디자인할 때 무엇을 해야 하는지 정확히 알아요."[26]

1960년대 초 여성해방운동은 여성들이 집에서 벗어나 사회에 진출할 수 있게 다양하게 활동했고, 조금 뒤늦기는 했지만 건축업계에서도 이러한 노력이 이어졌다. 1977년 《뉴욕 트리뷴New York Tribune》의 기사 〈여성 '해방' 최후의 직업The Last Profession to Be 'Liberated' by Women〉에서 건축 비평가 아다 루이즈 헉스터블Ada Louise Huxtable은 여성 건축가들이 여전히 미화된 가정주부로 취급받는 현실에 분노했다. "직업적으로 봤을 때 여성 건축가는 부엌을 벗어나지 못했습니다. 세상은 작업 효율과 안락함gemütlichkeit, 가족이라는 이름으로 여성 건축가를 집에 가두고 묶고 주택 건축과 실내 디자인을 강요하죠. 실제로든 상징적으로든 여성에게는 가정에 익숙한 성정이 있으므로 부엌에 관해서는 누구보다 잘 알고 있어야 한다고 여기고요. 여성 건축가는 이 관련성이 장점인지 저주인지 혼란을 느낍니다." 헉스터블은 집안일이나 가정생활을 비하하려는 것이 아니라고 단언했다. 하지만 "집 밖으로 벗어나려는" 노력을 하지 않거나 그럴 능력이 없는 여성 건축가는 "모든 건축 영역과 총체적인 건설 환경 속에서 근본적으로 가장 보상이 적은 일에 자신의 경력 전부를 어리석게 쏟아붓는 것"이라고 말했다. "물론 주택 건축도 중요합니다. 하지만 그보다 중요한 일도 많아요. 주택 건축은 여성이 건축과 환경을 다루는 능력을 향상하는 데 실제적인 도움이 전혀 되지 않는 제한적 작업이라는 점을 분명히 알아두어야 합니다." 헉스터블은 "주택 건축 영역에서는 여성의 감각이 더 뛰어나다는, 19세기부터 말과 글로 반복되어온 헛소리"가 수많은 여성 건축가의 재능과 가능성에 족쇄를 채웠고, 결과적으로 한 세기 동안 고군분투하며 일해왔지만 내세울 만한 업적이 없는 비극을 초래했다고 보았다.[27]

업적이 없다는 헉스터블의 평가에 동의하지 않을 수도 있겠지만, 통계 자료를 보면 여성 건축가들이 성장하지 못했다는 결론이 종합적인 사실임을 확인할 수 있다. 미국 직업인구조사 결과에 따르면 미국의 여성 건축가는 1939년에 379명이었고 1949년에는 300명으로 감소했다. 1960년에는 여성 수가 더욱 감소해 20년 전보다 3분의 1이 줄어든 약 260명에 불과했고 1975년에는 상황이 나아지기는 했지만 400명 수준이었다. 비율로 따져봤을 때 1975년 미국 정식 건축가 중 여성의 비율은 1.2%, 업계 전체에서는 3.7%밖에 되지 않았다. 1926년 업계 내 여성 비율이 1%였으므로 50년 동안 3%도 증가하지 못한 셈이다. 1977년에 이러한 상황을 조사하던 한 기자는 아무리 생각해도 "말도 안 되는" 수치라고 말했다.[28]

여성의 건축업계 진출에 반대하는 이들은 이처럼 빈약한 성장 속도가 여성이 업계에 기여할 수 없다는 주장을 뒷받침한다고 보았다. 1971년 마르셀 브로이어Marcel Breuer는 《뉴욕타임스New York Times》에 실린 리타 라이프Rita Rief와의 인터뷰에서 이렇게 말했다. "역사적인 배경 때문인지 생물학적인 차이 때문인지는 모르겠지만 확실한 건 아직 위대한 여성 건축가가 없다는 것이죠." 독일 바우하우스Bauhaus 출신으로 근대 건축사에 한 획을 그은 건축가인 브로이어는 사무소에 여성 건축가들을 고용했고 "아주 훌륭한 제도공"이라 평가하기도 했다. 하지만 그도 여성이 할 수 있는 일에는 한계가 있다고 보았다. 브로이어는 설계를 하고 건설 과정을 감독하는 건축가라는 직업이 여성으로서 성공하고 명예를 얻기에 너무 거친 일이라고 말했다. 그는 "거친" 남자들이 문제를 일으킬 수 있기 때문에 건설 현장에는 여성을 내보내지 않았다. 하지만 사실 근본적인 문제는 남편과 아이들, 가정이었다. "무엇보다 가장 큰 문제는 생물학적 차이에 있어요. 결혼하고 엄마가 되면 다른 일은 할 수 없죠. 해방운동을 하는 여성들은 이 부분을 인정하지 않으려는 경향이 있어요."[29]

브로이어의 여성 직원들이 라이프와의 인터뷰에서 브로이어의 사무소에서 일하며 겪는 문제나 남성성이 강한 직업에 종사하는 어려움을 토로하긴 했지만, 샌드위치를 나누어주는 점심시간 말고는 사실상 함께하는 일이 없는 듯했다. 1960년대 미국 여성들은 성차별에 맞서 싸우기 위해 단합하여 이미 큰 목소리를 내고 있었는데 어떻게 건축업계는 그 영향을 전혀 받지 않았는지 의문을 제기하는 이들도 있었다. 건축업계의 여성들에 깊은 관심을 두었던 《보스턴 글로브Boston Globe》의 건축 비평가 제인 홀츠 케이Jane Holtz Kay는 1970년에 쓴 글에서 여성 건축가들이 여성운동과 거리를 두고 있다고 비난했다. "이들이 안전모를 쓰고 현장에 나가 일하는 줄 알겠지만 사실 벨벳 장갑을 끼고 앉아 여성해방운동에 대해서는 한마디도 하지 않고 있다." 케이가 인터뷰한, 단 한 번도 차별을 겪어보지 않았다고 주장하는 보스턴의 여성 건축가는 "문제가 있었다면 이렇게 조용히 있지 않았겠죠."라고 했다. 여성과 남성이 겪는 어려움은 같은데 여성이 너무 "예민"해서 "차별"을 당한다 여기는 것이라고 말하는 이도 있었다.[30]

라이프는 1973년에 여성 건축가에 관한 두 번째 기사를 쓰며 이들을 "여성운동의 후발주자"라고 표현했다. 2년이 지나는 동안 여성 건축가들도 "다른 사람들과 비교하며 개인적으로 겪어온 사소한 모욕과 명백한 차별 경험을 발견"하기 시작했다는 설명이었다.[31] 이 시기에 여성 건축가들은 업계 내 고질적인 여성 차별을 인지하고 맞서 싸우기 위해 뭉치기 시작했다. 개브리엘 에스퍼디Gabrielle Esperdy의 기록에 따르면 권위 있는 건축가 단체인 미국건축가협회American Institute of Architects, AIA에도 "배타적인 젠틀맨스 클럽"이라고 지적하며 맞섰다. 루이즈 베튠이 첫 여성 회원이 된 1888년부터 여성이 가입할 수는 있었지만, 그 후 80년이 지나도록 여성 회원이 협회 활동에 참여하기 어려웠고 존재감이 거의 없었다. 1973년 샌프란시스코 만국박람회에서는 미국건축가협회 뉴욕 지부의 첫 여성 운영위원인 주디스 에덜먼Judith Edelman이 공동으로 작성한 "건축업계 내 여성의 지위"에 대한 결의문이 발표되었다. 미국건축가협회가 여성 회원들을 더 적극적으로 포용하고 업계 내 차별 철폐를 위해 구체적인 행동을 취해야 한다는 내용이었다. 상당한 반대와 논쟁에도 불구하고 결의문은 통과되었다. 미국건축가협회의 남성 지도부는 여성의 공공부문 진출로 이어지는 법적, 사회적 변화가 전면적으로 일어나고 있는 현실을 인지하지 못한다는 비난을 받으면서도 아무 문제가 없다는 태도를 고수했다. 하지만 1974년 일부 강경한 여성 회원들의 요청으로 업계 내 여성의 지위에 대한 설문조사를 시행했으며 그 결과 상대적으로 낮은 임금과 성희롱, 승진 제약 등 업계 전반에 뿌리 깊게 퍼져 있는 차별을 확인할 수 있었다. 조사 결과는 차별 없는 정상적인 업계라는 남성들의 주장과 달리 여성들이 겪어온 좌절과 환멸을 고스란히 보여주었다.[32]

여성 건축가들은 당대의 시민운동 흐름에 발맞추어 직업적 평등을 이루어나가기 위한 단체를 조직했다. 여성건축가협회Organization of Women Architects, OWA, 시카고건축여성협회Chicago Women in Architecture, CWA, 건축여성연합Alliance of Women in Architecture, AWA 등이 1970년대에 설립된 단체들이다. 이들은 다른 페미니스트 단체들과 마찬가지로 여성이 직장 내에서 경험하는 차별을 인식하고 경력을 쌓아갈 수 있도록 조언과 지원을 제공했다. 업계 내 여성들과 연대하고 지속적으로 접촉하는 것 또한 중요했다. 회원이 된 여성들은 "유별난 사람"이라는 인식과 고립감을 극복하는 데 단체가 큰 도움이 되었다고 말했다.[33] 여성건축가협회를 포함한 일부 단체는 현재도 활발하게 운영되고 있으며 여전히 이루고자 하는 목표가 많다.

이 시기에는 업계 내 단체뿐 아니라 학교도 성찰 대상이었다. 권력과 명예 구조를 유지하고 재생산하는 학교의 역할에 비판적인, 다양한 건축적 배경을 지닌 7명의 여성 건축가가 모여 여성을 위해 여성이 운영하는 건축 기획 여성 학교 Women's School of Planning and Architecture를 설립했다. 이 학교는 1975년부터 1981년까지 여름마다 미국 내 다른 지역을

순환하며 열렸고, 여성이 새로운 기술을 습득하고 성 고정관념에서 벗어나며 건축의 가치를 여성을 위해 활용할 수 있는 실험적인 커리큘럼으로 구성되었다.[34] 또한 특별 프로그램을 통해 기존의 건축학교에도 영향을 미쳤다. 1974년 세인트루이스 워싱턴 대학교 건축학과 여학생들이 여성 건축가 콘퍼런스를 조직했고, 같은 해 오리건 대학교 환경디자인과 학생들과 교수진이 개최한 서부 여성 디자인 콘퍼런스에서는 데니즈 스콧 브라운이 성차별과 업계 내 "스타 만들기star system" 관행을 주제로 연설했다.[35]

여성 건축가에 관한 저술 활동은 초반에는 미미했지만 1970년대를 맞으며 활발해졌다. 그동안 존재조차 명확히 드러나지 않던 여성 건축가들의 역사를 정리하고 현재 업계에서 활동하는 여성들이 직면하는 문제들을 다루었다. 1972년 《건축 포럼Architectural Forum》에 실린 엘렌 페리 버클리Ellen Perry Berkeley의 기사는 건축계에 만연한 성차별을 광범위하면서도 충격적으로 짚어냈고 결과적으로 많은 여성 건축가들이 문제를 인식하고 여성운동에 동참하는 계기가 되었다.[36] 이듬해에는 수사나 토리Susana Torre를 비롯한 뉴욕의 여성 건축가들이 모여 건축업계의 여성을 주제로 한 전시회를 기획했다. 이들은 전시회 추진을 위해 뉴욕건축가연맹Architectural League of New York 본사에 여성 건축가 기록보관소Archive of Women in Architecture를 만들었고, 광범위한 연구조사 끝에 1977년 미국 여성 건축가의 한 세기를 종합적으로 살펴보는 획기적인 책《미국 건축에서의 여성: 역사적·현대적 관점에서*Women in American Architecture: A Historic and Contemporary Perspective*》가 출간되었다. 1977년 2월 24일 여성 건축가의 역사에 대한 전시회가 브루클린 미술관에서 최초로 열렸고 토리는 이 책을 편집해 전시회 카탈로그로 만들었다.[37] 전시회에 초청되었던 헉스터블은 이 전시를 계기로《뉴욕타임스》기사를 썼다. 같은 해 새로운 스타일의 지침서인《미스 아키텍트*Ms. Architect*》가 발간되어 남성 중심적 업계에 진출하는 젊은 여성들이 큰 도움을 받았다.[38]

여성 건축가에 대한 논쟁의 첫 세기는 희망적으로 마무리되었다. 제1의 페미니즘 물결은 19세기 말 마무리되었지만 이어 제2의 물결이 1970년대 건축계 성차별 문제를 전면에 내세웠고 여성 건축가의 역사와 이들이 지속해서 겪는 어려움, 변화를 위해 함께 움직여야 할 필요성에 대한 인식을 키웠다. 하지만 한 세기 전체를 보았을 때 여성들이 업계 내 남성 동료와의 평등을 이루기 위해 뭉쳐 이루어낸 업적은 놀라울 정도로 제한적이었다. 이들이 기여한 바가 의미 없다는 뜻이 아니다. 여성 건축가는 근대 디자인 운동의 탄생에 함께했고 유럽과 북미를 비롯한 세계 곳곳에서 도시 경관 조성에 동참했다.[39] 건축계에서 여성의 역사를 채워나가는 이들의 업적은 여성의 진출을 극심하게 반대했던 업계의 기존 상황을 고려했을 때 정말 대단한 일이며 그 의미를 퇴색시켜서는 안 된다. 하지만 1970년대까지도 여성 건축가의 수는 미미했고 여성이 가정 영역 외에서도 건축할 수 있는지에 대한 논쟁이 여전히 거셌다. 건축계의 성 경계는 사실상 그대로였다. 수십 년 동안 제도적 장벽을 무너뜨린 소수의 개척자가 있었지만 장벽은 바로 다시 세워졌고 같은 과정을 반복해야만 했다. 하지만 투쟁과 진보와 후퇴의 한 세기를 보여주는 개척자들이 끊임없이 존재했고, 이제는 어떻게 해야 이들의 업적을 견고히 하고 그 업적을 바탕으로 더 나아가 외부자의 위치에서 벗어날 수 있을지를 고민해야 했다.

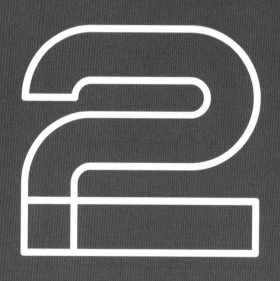

그 많던 건축학과 여학생들은
어디로 갔을까

현재 미국과 영국의 건축학과 학생 중 여성의 비율은 44%에 이른다.[1] 여성 건축가들이 지금보다 평등한 업계에서 일할 수 있을 것이라는 희망적인 미래를 보여주는 수치이다. 하지만 그와 동시에 깊은 고민을 안겨주는 수치이다. 낙관적인 상황을 왜 고민해야 하는지 의문이 들 수 있다. 왜냐하면 지난 수십 년 동안 여성의 건축학과 입학은 상당히 활발해졌지만 졸업 후 업계에 남는 수는 아직 적기 때문이다. 즉, 실제 활동하는 여성 수는 그에 상응할 만큼 증가하지 못했다. 이러한 양상이 나타나고 계속되는 원인은 졸업 후 업계에 진출하는 과정, 특히 그 과정의 초반에 있는 것으로 보인다. 공부하면서 적성과 재능을 찾지 못하는 경우도 있겠지만 대학에서 졸업 후 여학생들이 마주하게 될 직업적 환경에 대해 더 제대로 교육할 필요가 있다. 또한 업계로 직결되는 대학 내 차별적 의식과 관행을 자체적으로 점검하고 고쳐나가야 한다.

정부 지원으로 운영되는 모든 교육에서 여성 차별을 금지하는 1972년 교육개정법 타이틀 나인Title IX을 시작으로 교육 장벽을 허물기 위한 과거의 여러 노력이 없었다면 오늘날 미국 대학교 건축학과에 이렇게 많은 여성이 입학하지는 못했을 것이다. 코넬 대학교나 일리노이 대학교 등 19세기 후반부터 여성의 입학이 가능했던 학교도 일부 있지만, 대부분은 법이 강제하기 전까지 여성의 입학을 허가하지 않았다. 1977년 《뉴욕타임스》와의 인터뷰에서 건축가 커샌드라 캐럴 Cassandra Carroll은 건축학교 입학 지원을 했던 1950년대 후반,

고향 뉴저지에서 여성을 받아주는 학교가 하나도 없어 펜실베이니아로 이사해야 했다고 말했다.[2]

새로운 법률과 여성운동에 힘입어 건축학과에 입학하는 여학생의 수는 꾸준히 증가했다. 1972년 전체 건축학과 학생 중 여성 비율은 6% 남짓이었지만 타이틀 나인이 발효된 1975년에는 14%로 2배 이상 증가했다. 학교마다 7% 이하에서 50% 이상까지 편차가 크긴 했지만, 10년이 지난 1985년에는 평균 30%로 또 2배 이상 증가했다. 이후로는 다소 천천히 증가해오다가 1990년대 말 40%에 다다랐다.[3] 이후 미세하게 증가하고 있지만 현재까지는 유사한 수준으로 유지되고 있다.

1972년 엘런 페리 버클리Ellen Perry Berkeley가 《건축 포럼》에 쓴 〈건축계의 여성Women in Architecture〉을 보면 당시 만연했던 학교 안의 성차별을 확인할 수 있다. 엘런은 건축학 공부를 만류하는 학장과 교수진, 여학생 작품의 비평을 꺼리는 비평가, 자신의 입지를 뺏는다며 압박을 가하는 동료 남학생, 여학생에게는 지원해주는 남편이 있을 거라는 이유로 남학생에게 더 많은 재정 지원을 하는 직원들 사이에 둘러싸인 절망적인 상황을 드러냈다. 수십 년 동안 입학 인원이 크게 늘고 차별금지 법안도 마련되었기 때문에 이러한 차별이 모두 철폐되었으리라 짐작할 것이다.[4] 하지만 타이틀 나인은 이론상의 변화를 만들었을 뿐 현실은 또 다른 문제였다. 1990년대 미국과 캐나다에서 만들어진 일련의 보고서에 따르면 여성들은 학교 안에서 적대적, 심지어 모욕적인 상황에 여전히 놓여 있었다.[5] 2014년 1월 《아키텍츠 저널Architects' Journal》은 여학생을 대상으로 건축업계 여성의 지위에 대한 설문조사를 국제적으로 시행했고, 54%가 대학에서 성차별을 경험한 적이 있다고 답하는 "충격적인" 결과가 나왔다.[6]

다른 형태의 차별은 광범위하며 은밀하게 부재 또는 생략의 형식으로 나타났다. 학생들이 공부하는 과정에서 건축가는 물론이고 건축주나 비평가로서 중요한 여성의 이야기를 접하는 일은 거의 없었다. 여성에 대한 내용은 1970년대 후반 여성운동의 영향을 받은 후에야 서서히 등장하기 시작했다. 이후 30여 년간, 건축 서적 전체를 봤을 때는 비록 작은 부분이지만 여성에 대한 기록이 대폭 증가했다. 많은 책과 글을 통해 업계 내 여성의 역사적 뿌리를 찾아보고 지위를 확인하며 건축 디자인과 도시계획에 대한 페미니즘적 비평이 이루어졌다.[7] 이 시기에 쓰인 글들은 생물학적 성별 차이를 건축 디자인에 결부시키는, 남성은 남근, 여성은 곡선미가 있는 자궁과 유사한 형태의 디자인을 하게 된다는 식의 비평에서는 상당히 멀어졌다. 하지만 최근 자하 하디드가 건축한 카타르의 알와크라 스타디움Al Wakrah Stadium을 "거대하게 솟아오른 외음부"라고 표현한 비평을 보면 이러한 개념이 완전히 사라지지는 않았음을 알 수 있다.[8] 1990년대 초기에는 구조적 요소는 남성적으로, 장식적 요소는 여성적으로 취급하는 등 건

축 분석 방식과 분석 언어에 담긴 성적 가치를 살펴보는 성 관련 건축 이론이 출현했다.[9]

오늘날까지 수십 년 동안 진행되어온 건축계의 여성 및 성에 대한 조사 결과와 출판물은 상당한 양으로서 중대한 의미를 담고 있다. 하지만 이러한 지식과 통찰력이 가장 필요하다고 여겨지는 학교 교과과정에 포함되는 경우가 아직은 드물어 그 영향력이 제한적이다. 1980년대와 1990년대 북미와 유럽 대학교의 인문과학 및 사회과학 교과과정에는 큰 변화가 있었다. 지금의 관점으로는 다소 충격적일 수 있지만, 과거에는 문화 이론이나 세계 예술사 개론 강의 내내 여성의 이름이 단 한 번도 등장하지 않는 경우도 있었다. 건축학교의 역사 강의나 이론 강의에서는 이런 일이 여전히 흔하다.[10] 이제는 활용할 수 있는 자료가 없어서 교육과정에 여성 관련 내용이 누락된다는 주장은 할 수 없다. 하지만 이러한 자료가 도서관 서가에만 머무르지 않고 실제 교육에서 제 역할을 하려면 교과과정을 바꾸려는 분명한 움직임이 있어야 한다.

이와 유사하게 건축학교 설계 수업 중 젠더 또는 여성에 초점을 둔 수업은 찾아볼 수 없다. 건축 교육과정 중 핵심이라고 볼 수 있는 설계 수업은 보통 교수진의 경험과 관심 분야에 따라 계획되는 경우가 대부분이다. 여성 교수진은 여성 관련 교육에 관심이 있고 남성 교수진은 그렇지 않으리라는 추정은 너무 단순하지만, 젠더에 중점을 둔 설계 수업 부재에 건축학교 교수진의 성비 불균형이 영향을 미친 것은 사실이다. 2014년《아키텍츠 저널》에서 진행한 설문조사에서 한 여학생은 "여자 교수님이 별로 없어요. 너무 남성 주도적이죠."라고 지적했다.[11] 미국 건축학교의 종신교수 중 여성은 4분의 1 정도이다.[12] 이는 비교적 여성이 많은 역사 분야와 이론 분야를 모두 포함한 수치이다. 설계 분야에서 여성 종신교수가 있는 학교는 거의 없다고 보아도 무방하다. 설계는 학부 또는 대학원 수업에서 특히 중요한 상위 과정이어서 보통 경력이 많은 교수에게 배정되기 때문에 대부분은 남성 교수가 가르치게 된다고 볼 수 있다.[13] 또한 설계를 가르치는 비종신직 여성 교수라면 "논쟁적인" 주제를 다루는 위험을 감수하기 쉽지 않다.

몇 해 전 미국의 명문 건축학교에서 설계를 가르치는 여성 종신교수가 가정 폭력 피해자를 위한 주택이란 주제로 수업을 진행했다. 교수진과 학생 모두 페미니즘 주제를 꺼리는 경향을 보이는 건축학교에서는 아주 이례적이고 도발적인 시도였으며 생소하긴 하지만 의미가 큰 주제였다. 수업을 통해 학생들은 건축가의 중요한 역할 중 하나가 머무는 사람이 안정을 얻고 치유받을 수 있는 공간을 창조해내는 일이라는 사실을 이해하고 설계와 사회 정의에 대한 관심을 결합해보는 기회를 얻었다. 나는 학기 말에 진행된 다섯 명의 객원 비평가 중 유일한 여성으로 최종 평가에 참여했다. 남성 비평가들은 평가가 진행되는 3시간 동안 작업물의 형식적 측면에 관해서만 이야기했을 뿐, 주제와 관련된 건물의 기능이나 실제 살게 될 사람에 대한 언급은 단 한 번도 하지 않았다. 주제가 주차장이나 소방서, 커피숍, 영화관이었어도 전혀 상관없이 이야기만 했다. 그 이유가 주제를 불편하게 느껴서인지, 잘 모르거나 관심이 부족해서인지 알 수는 없었지만 남성 비평가들은 작품을 의도와 맥락에서 분리해 그저 건축적 요소의 집합으로 추상화했다. 심각한 정신적 외상을 겪는 취약계층을 위한 공간 설계였다는 점은 고려하지 않았다. 현재의 건축 환경에서는 이러한 이야기를 나눌 수 있는 언어 자체가 없는 것만 같았다.

건축학교에서 이러한 논의가 이루어지지 않는 현실은 공개 강연에서도 마찬가지이다. 공개 강연은 건축학교 필수 과정 중 하나로 학생과 교수진이 업계 권위자와 접촉하고 학문적 교류를 나누는 기회가 된다. 더 나아가 교내 공동체가 모여 다양한 주제로 폭넓은 논의를 나눌 수 있는 자리이다. 뉴욕을 기반으로 활동하는 시민단체 아키텍스ArchiteXX의 공동 창립자 로리 브라운Lori Brown과 니나 프리드먼Nina Freedman은 73개 건축학교에서 2012~2013년도에 진행된 공개 강연을 조사했다. 두 사람은 가을 학기 중 전체 학교의 62%에서 여성 강연자의 공개 강연을 아예 진행하지 않았거나 단 한 차례 진행했다는 사실을 확인했다. 이듬해 봄 학기에는 여성 강연자가 연단에 서지 않은 학교가 3분의 1 정도였다.[14] 이처럼 남성의 목소리에 주어지는 특권은 학교가 누구를 권위자로 생각하고 누가 청중의 자격이 있다고 생각하는지를 분명하게 보여줌으로써 여학생들의 사기를 떨어뜨린다. 한 여학생은 2014년 《아키텍츠 저널》과의 인터뷰에서 "여성 건축가는 학교에서 논의되거나 기념되지 않아요. 건축가가 된다는 생각 자체가 잘못된 일이 아니었나 싶어요."라고 말했다.[15]

여성 강연자의 강연 통계 수치도 건축학교 내 젠더 이슈에 대한 노출 빈도로 볼 수는 없다. 강연자로 초청된 여성 건축가 대부분은 업계에서 '여성'으로 활동하며 겪는 경험에 관해 이야기하기를 원치 않는다. 남성 건축가에게는 남성으로서 일하기에 유리한 건축 환경에 대해 강연해달라는 요청을 하지 않는데 왜 여성에게는 요구하는 것일까? 하지만 이 여성들이 말하지 않으면 누가 얘기할 수 있을까? 건축계 강연에서 여성 건축가의 역사든 현재 상황이든, 여성을 주제로 하는 강연은 몹시 드물다. 여성들의 침묵은 업계 내 언론과 온라인 블로그에서 여성의 지위와 관련하여 부정적인 여론이 들끓을 때면 훨씬 심해진다. 문제는 학교 내에서 경험하는, 혹은 경험조차 하지 못하는 논의만으로는 이 모든 상황을 알 수 없다는 것이다.

당연하게도 여학생들은 실제 업계에 진출한 뒤 겪게 될 성차별에 전혀 대비하지 못한 채 졸업하게 된다. 여성 건축가들은 취업 기회부터 임금, 사수 체계, 승진까지 여성에게만 불리한 상황들을 수년간 지적해왔고, 최근의 연구 결과들이 그 사실을 뒷받침한다. 수많은 여성이 업계에 진출하지 못하고 사라지는 끔찍한 현상이 계속되는 원인이 여기에 있다. 지난 15년 동안 미국 건축학과 여성 졸업생이 3분의 1 수준에서 42%까지 증가했지만 실제 업계에서 활동하는 여성의 비율은 아주 더디게 증가했다. 2000년 13%였던 정식 여성 건축가의 비율은 현재 19%에 머물러 있다.[16] 이러한 증가 속도가 유지된다면 2093년은 되어야 남녀 비율이 같아질 것이다. 나라마다 비율은 다르지만 영국이나 오스트레일리아 등에서도 업계 진출 과정에서 여성이 감소하는 현상은 동일하게 나타난다. 이러한 현상은 유리 천장이라기보다 업계로 나가지 못하게 쥐고 틀어막는 거대한 병목에 비유하는 편이 적절하다. 1990년대부터 언론에서는 졸업 후 사라지는 여성들을 보며 "여성 건축가는 어디에 있을까?"라는 질문을 꾸준히 던져왔다. 여성들은 스스로 이 질문에 답하고자 연구를 시작했고 문제의 원인은 일반적인 예상과는 다른 부분이라는 결과를 얻었다.

1908년 독일의 건축 비평가 카를 셰플러는 창조적 생산과 인간의 재생산은 혼재될 수 없다고 주장했다. 그의 주장은 힘을 얻었고 "여성 건축가는 어디에 있을까?"라는 질문에 "집에서 애 키우죠." 하는 안이한 대답이 나오게 했다. 하지만 이 대답은 아이를 낳지 않기로 결정하고도 업계를 떠나는 여성의 상황을 설명할 수 없다. 그렇다고 해서 육아 때문에 일을 그만두는 여성의 상황을 설명할 수 있는 것도 아니다. 그

런데도 출산과 육아가 여성 건축가의 업계 활동에 안 좋은 영향을 미친다는 인식은 여전하다. 2014년 《아키텍츠 저널》 조사 결과에 따르면 대부분의 여성은 출산과 육아가 경력에 미치게 될 부정적 영향을 불안해했다. 여성의 88%가 실제로 부정적 영향을 미친다고 대답한 반면 남성의 62%는 아이가 생겨도 경력에는 아무런 영향이 없다고 답했다. 한 여성 응답자는 1996년 개봉 영화 〈어느 멋진 날One Fine Day〉에서 미셸 파이퍼Michelle Pfeiffer가 연기했던 여성 건축가처럼 "경력에 불리한 처우를 받을까 두려워서" 아이가 있다는 사실을 숨겼다고 말했다.[17] 안타깝게도 여성들이 느끼는 불안에는 이유가 있다. 업계에서는 건축업을 모든 노력을 쏟아부어야 하기에 양자택일할 수 없는 직업으로 보고 시간제 근무나 유연 근무를 장려하지 않기 때문이다. 일과 육아를 병행해야 하는 부모들에게 큰 부담이 된다.[18] 대부분의 고용주는 임신한 직원이 일에 흥미를 잃거나 직장을 떠나기를 바라고, 그렇지 않으면 이들을 강등시키거나 업무에서 제외한다. 육아휴직을 마치고 돌아온 여성들은 육아 때문이 아니라 이들이 더는 본연의 책임을 다하지 못하리라 생각하는 상사 때문에 이전처럼 흥미를 갖고 노력을 다하기 어렵다. 심지어는 자리 자체가 사라지기도 한다.[19] 하지만 이렇게 많은 장애물이 있음에도 불구하고 《아키텍츠 저널》 조사에서 육아가 업계를 떠나는 이유라고 대답한 응답자는 3.8%에 불과하다.[20]

여성이 건축업을 떠나게 되는 핵심 원인은 업계 전반에 뿌리 깊게 남아 있는 기회와 처우에서의 성 불평등과 남성 중심적 업계 문화이다. 그 원인은 어떤 하나의 사건이 아니라 다양하고 반복적이며 복합적인 일련의 상황이다. 건축가 데버라 버크Deborah Berke가 "되풀이되는 작은 공격" 또는 "천 번의 작은 상처로 초래되는 죽음"이 여성을 업계 밖으로 내몰았다고 말한 것과 같다.[21] 또한 최근의 연구 결과에 따르면 많은 여성이 업계를 떠나게 되는 병목 현상이 발생하는 지점도 하나가 아니다. 자격 승인 절차 등 여성 건축가가 전문 경력을 쌓아나가는 과정에서 유리 천장에 부딪혀야만 하는 "지체 구간"이 적지 않다.[22]

수많은 여성이 업계 진출 과정에서 사라지는 현상을 이해하고 방지하고자 2013년 미국건축가협회 샌프란시스코 지부 회원들은 '사라진 32% 프로젝트The Missing 32% Project'를 시작했다. 32%는 건축학과 여성 졸업생 중 업계에 진출하지 못한 비율이다. 연구조사 임무의 일환으로 미국 내 남성과 여성 건축가 2300여 명을 대상으로 직업 만족도 조사를 진행했으며 그 결과 여성의 업무 만족도는 28%로 남성의 업무 만족도 41%에 비해 현저히 떨어지는 것으로 나타났다. 원인을 충분히 알 수 있는 결과였다. 일단 남성과 여성은 임금에서 확연한 차이가 난다. 장시간의 노동과 적은 보상이 특징인 건축업에서 임금 불평등은 심각한 문제이다. 신입사원부터 대표까지 임금 격차는 어느 단계에나 존재하지만 중간 단계에서 유독 급격하게 벌어진다. 프로젝트에서 발표한 바에 따르면 15년에서 20년 차 남성 건축가의 평균 수익이 10만 달러인 반면 같은 경력을 지닌 여성 건축가의 평균 수익은 8만 달러에 불과하다. 2014년 미국 노동통계국은 풀타임으로 일하는 남성 건축가가 여성 건축가보다 평균 20% 높은 임금을 받는다고 발표했다. 2014년 《아키텍츠 저널》에서는 실제 임금 불균형은 훨씬 심각하며 이러한 임금 차이가 "건축계의 성 불평등을 가장 명확하게 보여주는 지표"라고 지적했다. 하지만 임금을 공개하는 회사가 거의 없기 때문에 보통은 그 정도를 알 수 없다. 남성 동료들이 실제로 받는 임금은 조사에 응답한 많은 여성이 생각하는 것보다 훨씬 많았다.[23]

임금 격차와 더불어 여성의 직업 불만족과 퇴직에 중대한 영향을 미치는 요인은 승진의 어려움이다. 미국건축가협회에 따르면 건축 회사 대표 및 경영진 중 여성 비율은 1999년 4%에서 2005년 16%로 4배 증가했다. 여성의 직업적 지위가 활발히 상승한 것처럼 보이겠지만 이후 10년 동안 17%에 멈춰 있었고 또 다른 정체 현상의 예시가 되었다.[24] 미국 내 자격 등록 시험을 관리하고 인턴십 프로그램을 개발하는 미국건축사등록원National Council of Architectural Registration Boards은 인턴을 모집하는 건축 회사의 담당자 중 여성 비율이 13%에 불과하다고 발표했다. 달리 말해 공식적인 자료에 따르면 자격시험을 앞둔 젊은 건축가 중 87%는 남성과 일하게 된다는 의미이다.[25]

여성 건축가가 경력사다리를 더디게 오르도록 만드는 원인은 다양하다. 외부적으로는 출산과 육아가 주요 원인으로 보이고, 실제로 아이가 있는 여성들은 직업적 기회가 줄어드는 "마미 트랙mommy track, 육아를 위해 출퇴근 시간을 조절할 수 있되 승진의 기회도 적은 취업 형태"에 큰 절망감을 표출한다. 하지만 건축가 다이애나 그리피스Diana Griffiths가 썼듯 "가정에서의 역할이 성공을 가로막는 유일한 원인이라면 아이가 없는 여성들은 성장하고 성공하여 업계 상위를 차지해야 했다."[26] 가정보다 더 큰 영향을 미치는 장애물이 있다는 뜻이다. 여성 건축가에게는 경력 발전에 도움이 되는 유익한 프로젝트를 맡기지 않는다는 것도 문제 중 하나이다. 이 경우 원인을 여성에게 돌리는 경우가 많은데, 큰 프로젝트를 맡으려는 야망이 없다거나 프로젝트를 책임지기 위해 늦게까지 일할 생각이 없다는 식이다. 재능과 근면이 보상으로 직결된다는, 업계 문화에 깊게 자리한 실력주의에 근거한 추정이다.[27] 실력주의에 동의하고 업무에 헌신하고도 직업적 보상을 받지 못하는 여성들은 자신의 실력을 의심하고 자신감을 잃는다. 데니즈 스콧 브라운이 말했듯 "남성 동료들이 자신보다 앞서 나가는 현실 속에서 페미니즘 의식이 부족한 여성들은 자신의 실패가 온전히 본인의 잘못이라고 느끼기 쉽다."[28]

이러한 상황에서 멘토링은 큰 변화를 끌어낼 수 있다. 경력은 야망과 희생으로도 개발되지만, 방향을 보여주고 인맥을 넓혀주며 좋은 경력을 쌓을 수 있도록 기회를 마련해주는 든

든한 조력자의 도움으로 개발할 수도 있다. 여성이 업계에서 사라지는 첫 구간은 졸업 후 몇 년 동안이다. 여성들은 업계 진입 과정에서 어려움을 겪는다. 자격시험을 준비하며 인턴으로 근무하는 동안 선배의 가르침과 도움이 절실하지만 앞에서 언급했듯 함께 일을 하게 되는 사수의 87%가 남성이다. 이후에도 여성들은 경력을 쌓아가며 또 다른 지체 구간을 맞닥뜨리고 유리 천장을 깨뜨리고자 고군분투하면서 멘토를 찾지만, 대표 및 경영진 중 83%가 남성이다. 역시 성비가 균등하지 못하다. 남성 중심적 업계에서 살아남아야 하는 여성에게 멘토의 역할은 큰 도움이 된다. 하지만 셰릴 샌드버그 Sheryl Sandberg가 책《린 인Lean in》에 썼듯 "여성에 비해 남성이 도움을 받는 경우가 훨씬 많다." 대부분의 멘토는 자신의 과거 모습을 떠올리게 하는 후배를 멘티로 받으려 한다.[29]

몇 해 전, 세계적으로 이름난 회사이지만 경영진 대부분이 남성으로만 구성된 건축 회사의 여성 직원들과 만난 적이 있었다. 명문 건축학교를 졸업하고 여러 해 동안 점심과 저녁까지 회사 책상에서 먹으며 열심히 일하고 아무도 아이를 갖지 않았는데도, 이 여성들은 회사 내에서 그럴듯한 높은 자리에 올라가지 못했다. 이들은 회사 문화 자체가 "올드 보이스 클럽old boys' club" 성향을 기반으로 형성되어 있다고 말했다. 그 예로 남성 경영진들이 비공식적으로 젊은 신입사원 중 한 명을 선택해 모두가 탐내는 프로젝트를 맡기고 중요한 회의에 참석시키며 거물급 고객에게 소개하는 등 멘토가 되어 도와주는 것이 관례라고 했다. 선택된 신입사원은 "축복 받은 자"로 여겨졌는데 이들이 근무하는 동안 여성이 그 축복을 받은 적은 단 한 번도 없었다. 한편 얼마 안 되는 여성 고위 간부가 지원을 해주는 경우도 거의 없었다. 샌드버그는 여성 간부에게 직접적으로 도움을 요청하는 것은 곤란한 상황을 초래할 수 있으니, 공격적으로 멘토링을 요청하기보다는 실력 향상에 집중해 자연스럽게 멘토의 관심을 얻으라고 조언한다.[30] 하지만 리더의 자질을 남성에게서만 찾는 현재의 시스템 안에서 여성은 매일, 매해 실력을 쌓아도 없는 사람 취급을 당할 뿐이다.

여성 건축가의 직업 만족도를 깎아내리는 것은 저임금과 승진 배제보다도 업계 내의 일상적인 성차별이다.《아키텍츠 저널》에서 2012년부터 매년 시행하는 '건축계의 여성' 설문조사에 따르면 성차별 문제는 업계 전반에 퍼져 있고 점점 더 심각해지고 있다. "건축계에서 활동하면서 부적절한 발언을 포함하여 성별로 인해 다른 대우를 받는 차별을 경험한 적이 있습니까?"라는 질문에 2012년 700명의 여성 응답자 중 63%가 그렇다고 답했다. 여성을 위해 문을 잡아주거나 육아휴직을 주는 것도 해당하는 것 아니냐며 질문이 너무 광범위하고 주관적이라는 비판도 일부 있었다. 하지만 응답자들이 제시한 사례를 보면 무엇이 차별인지 정확히 알고 있음을 확인할 수 있다. 남성 동료와 달리 비서 역할을 하게 되는 경우가 많다는 것, 생리 중이냐는 질문을 받는 것, 임신하면

월급이 깎인다는 말을 듣는 것 등이 차별의 사례였다. 2014 년에는 710명의 응답자 중 66%가 차별을 경험했다고 답했다. 이 결과는 과거 악습의 잔재 정도로 여기고 간과할 수 없다. 응답자 중 80%가 40대 이하일 정도로 전체적인 연령대가 낮았다. 게다가 성차별은 일상적으로 나타났다. 한 달에 1 회 또는 분기에 1회 정도 성차별을 경험한다고 답한 응답자가 33%, 매일 또는 매주 차별을 겪는다고 대답한 응답자가 11%에 달했다.[31]

성차별은 현장 관련 업무에서 더 명확하게 나타났고 2014 년《아키텍츠 저널》설문조사에 응답한 여성의 3분의 2와 남성의 2분의 1이 아직 건축업계에서는 여성의 권위가 인정되지 않는다는 점에 동의했다. 여성이 건축계에 처음 진출했던 19세기에 여성의 업계 진출에 반대하던 이들은 건설 현장에서의 권위 부족으로 문제가 생길 것이라는 이유를 내세웠고, 지금까지도 같은 이유가 남성에 비해 낮은 여성의 승진율을 정당화하고 있다. 하지만 버블 아키텍츠Bubble Architects의 공동 설립자 퍼트리샤 히키Patricia Hickey는 설문조사 문항에 이렇게 답했다. "여성이 승진에서 뒤처지는 것은 상사가 여성일 경우 현장 관리자로서의 권위가 떨어져서가 아니라, 주로 남성인 현장 관리자가 사무실 내 여성 상사의 권위를 존중하지 않기 때문이라는 점을 분명히 해야 한다. 그렇지 않았다면 같은 직무에 대한 임금 격차는 사라졌을 것이다."[32] 많은 연구 조사 결과에서는 여성들에게 건설 현장에서 겪게 되는 명백한 성차별에 대비해 대처 전략을 만들어두는 편이 좋다고 조언한다. 하지만 그보다 보편적이고 미묘한 형태로 일어나는 사무실 내의 성차별은 대응하고 항변하기 쉽지 않아 피해가 더욱 심각하다.[33]

여성들이 겪어온 전적인 부당함이나 그 과정에서 상실한 업적보다도 역사학자로서 우려하는 점이 있다. 이 상황이 너무도 익숙하다는 것이다. 100년이 넘는 시간 동안 건축계의 여성들은 사실상 같은 싸움을 지속하고 있다. 1905년 메이블 브라운Mabel Brown은 여성이 여전히 "신기한 존재"인 이유를 밝히고자 《샌프란시스코 크로니클San Francisco Chronicle》에 인터뷰 기사를 썼다. 브라운이 얻은 결론은 이러했다. "애초에 일반적인 사무실에 취직이 되지 않는다. 경력이 있어야 무엇이든 할 수 있는데 시작부터 받아들여지지 않는 이상 여성 건축가가 나아갈 길은 없다. 그 때문에 여성 건축가의 존재 자체를 신기하게 보는 시선이 많다."[34] 이미 다른 자료를 통해서도 알 수 있듯 여성의 업계 진출이 남성 중심의 업무 환경을 혼란스럽게 할 것이라는 두려움, 업무 습득 능력과 실력에 대한 회의감, 건설 현장에서 관리자의 권한을 행사하지 못할 것이라는 확신, 결혼하면 업무 책임을 내던질 것이라는 예상으로 여성의 취업은 거부당했다.[35] 브라운은 여성들이 힘겹게 업계에 발을 들여놓는다고 해도 부수적인 업무와 턱없이 적은 월급을 마주한다는 사실을 확인했다. 대부분의 건축 회사에서는 다재다능한 남성에 비해 여성은 능력이 부족하다며 기초적인 업무만을 맡겼다.[36] 이러한 한계를 경험한 여성들은 업계 진출을 준비하는 다른 여성들에게 개업을 추천하기도 했다. 하지만 "성공하기 위해 필요한 힘"이 되어줄 만한 개인적인 친분이나 협력 관계가 없다면 건축업 자체를 다시 생각해보라고 경고했다.[37] 놀랍게도 100년 전 평등을 가로막았던 수많은 한계는 지금과 크게 다르지 않다.

하지만 분명 2015년은 1905년과 다르다. 늘 도움이 되는 것은 아니지만 성차별을 방지하는 법도 생겼고, 여성 건축가의 수가 증가하고 뜻을 함께하는 동료들도 생겨 진정한 변화를 추구할 수 있게 되었다. 현 상황의 문제점을 인식하는 남성 건축가들도 동료로 함께하고 있다. 2014년《아키텍츠 저널》조사에서 여성 응답자 중 79%, 남성 응답자 중 73%가 건축계가 너무 남성적이라고 답했다.[38] 국제적인 협력은 이전에도 가능했지만, 인터넷의 보급과 뛰어난 접근성 덕분에 업계 내 문제의 심각성을 파악하고 국경과 문화를 넘어 유의미한 협력을 이뤄낼 수 있게 되었다. 마지막으로 이 책에서도 여러 자료를 인용하고 있듯 최근 업계 내 성차별에 관한 연구 조사가 아주 활발하게 진행되고 있다. 연구 조사 결과를 통해 불평등 문제 해결을 위한 구체적인 방법을 찾기도 하고 깊이 있는 조사가 필요한 영역을 새로 발견하기도 한다.

돈이 건축계의 성차별 문제를 모두 해결해주는 것은 아니지만 문제 해결의 시작점으로는 나쁘지 않다. 업계 내 단체들은 들고 일어나 불법적인 임금 체계를 없애기 위해 압력을 행사해야 한다. 영국의 건축가들은 더는 일반적인 비난 성명으로 부족하다며 같은 업무를 하는 남성에 비해 여성에게 더 적은 임금을 지급하는 회사들의 "명단을 공개해 망신을 줄 것name and shame"을 영국 건축학회에 요구하고 있다. 이러한 요구는 영국 통계청에서 여성 건축가가 남성 동료보다 평균 25% 적은 임금을 받는다는 자료를 발표한 후 더욱 거세졌다. 임금 격차를 비판하는 이들은 문제의 장본인을 공개하지 않으면 변화를 이룰 수 없으며 아무 행동도 하지 않는 것은 무관심 또는 묵인을 의미한다고 주장했다. 키란 커티스 건축 사무소Kiran Curtis Associates의 스티븐 라일리Stephen Riley가 말했듯 "임금 불평등은 30년 전부터 지속적으로 제기되어온 문제이며, 무능한 영국 건축학회의 태도는 건축가의 이미지를 훼손하고 있다."[39]

또 다른 측면에서 노력하고 있는 베벌리 윌리스 건축 재단 Beverly Willis Architecture Foundation, BWAF은 대형 회사들이 경영진의 다양성 증진에 힘써야 한다고 목소리를 높여왔다. 1958년 샌프란시스코에서 건축 회사를 개업한 베벌리 윌리스Beverly Willis는 건축업계 내 여성의 지위 신장을 위해 2002년 뉴욕에서 베벌리 윌리스 건축 재단을 설립했다. 이 재단에서는 2010년부터 업계 대표들과의 토론회를 통해 고위 경영진의 다양한 구성이 얼마나 중요한지를 교육하고 있다. 미국 내 최대 규모의 건축, 엔지니어링, 건설 회사의 대표와 경영진, 인사 책임자가 교육 대상이다. 교육 대상인 회사의 가장 중요한 고객층을 대표하는 단체의 여성 경영진을 토론회에 초청하기도 한다. 이 조합은 매우 큰 효과를 낸다. 중요 고객이 경영진의 다양성 부족을 고려한다는 사실을 인지한다면 회사의 이미지와 수익을 지키기 위해 변화를 시행하고자 하는 동기 부여의 효과가 커진다.[40] 이런 점에서 미국건축가협회와 같은 단체는 업계 규범을 마련하고 강력하게 추진해 나가는 중요 역할을 담당하고 있다. 선택된 축복받은 자가 다음 세대의 선택된 자에게 성공의 열쇠를 넘겨줄 뿐인 현 상태는 외부의 압력 없이 변화하기 쉽지 않다.

여성 롤 모델들은 지금보다 널리 영향력을 행사하고 강의실과 회사, 단체 활동에서 자신을 더 드러내야 한다. 롤 모델로서 개인적인 친분을 쌓아야 한다는 의미가 아니다. 뛰어난 롤 모델은 업계에서 유명하며 역사적인 인물이다. 이들은 뛰어난 업적을 이루는 여성에게 의심을 던지는 부정적인 고정관념에 맞서며 자긍심을 키워왔다. 롤 모델은 경력 개발과 성공을 향한 동기를 부여하고 소외감에 대항하며 업계 내 동질감을 형성할 수 있게 한다. 그렇기 때문에 건축업계의 여성 롤 모델 부족은 심각한 문제이다. '사라진 32% 프로젝트'에서 조사한 바에 따르면 업계를 떠나는 여성의 3분의 1이 여성 롤 모델의 부재를 결정적인 이유로 꼽았다.[41]

현재까지 여성 건축가의 지위에 관한 연구 조사는 여성의 감소 문제가 두드러지는 미국, 영국, 오스트레일리아, 캐나다 등의 국가에 주로 집중되어 있었다. 이제는 국가 범위의 조사를 넘어서 문화 간 비교 조사를 통해 여성 건축가들이 활약하는 환경과 그렇지 못한 환경을 비교해보아야 한다. 그 예로 그리스를 살펴보면, 1967년 아테나 공과대학교 건축학과의 여성 비율은 70%에 달했다. 같은 해 업계에서 활동하는 건축가 중 여성은 50%였으며 현재는 58%로 여성이 남성보다 더 많다. 이렇게 여성 친화적 환경을 갖춘 그리스와 달리 에스토니아의 건축가 85%가 남성인 이유는 무엇일까?[42] 이와 같은 맥락에서 건축계와 마찬가지로 업무 강도가 세고 전통적으로 남성 중심적이지만 지금은 여성들이 큰 성공을 거두고 있는 의료계와 법조계에는 어떤 차이가 있는 걸까? 현재 미국의 의사와 변호사 중 3분의 1이 여성이며, 그 수는 계속 증가하고 있어 곧 남성과 동등해질 것이다. 젊은 의사와 변호사의 성비는 이미 균형을 이뤘다.[43] 업계 내 여성들이 활발히 활동하는 다른 업계와의 비교 조사를 통해 유독 건축업계에서 여성들이 활약하지 못하는 이유를 알 수 있다. 하지만 다른 업계에는 성 다양성과 여성의 리더십에 관한 광범위한 자료가 축적되어 있지만 건축업계에는 장기적인 자료가 충분하지 않다. 따라서 해당 업계의 특수한 조건을 판별하기 어렵고 다른 업계의 성공적인 전략을 어떻게 활용해야 할지 파악하는 데 한계가 있다.[44] 이러한 비교 연구를 위해서는 상당한 양의 자료가 필요하지만 건축계는 관련 기록의 생성과 축적을 뒤늦게 시작했기 때문이다.

구성원들이 온전한 성평등을 요구하는 목소리를 더욱 크게 낸다면 건축업계도 변화할 수 있다. 2015년 애틀랜타에서 열린 미국건축가협회 내셔널 컨벤션의 압권은 '사라진 32% 프로젝트'로 유명한 에퀴티 바이 디자인에서 주최한 '해커톤hackathon' 워크숍이었다. 이 워크숍에서는 다양한 배경을 가진 여성과 남성이 함께 모여 아주 긴 시간 동안 건축계 성평등 문제의 해결책을 논의했다. 참가자 대부분은 에퀴티 바이 디자인의 소셜 미디어 활동을 통해 문제를 접하고 관심을 두게 된 뒤 컨벤션 현장에서 처음으로 만났다. 새로운 소통망은 개인이나 소규모 단체들을 더욱 크고 강력한 운동으로 통합하는 힘을 보여주었다. 에퀴티 바이 디자인은 업계 내 성불평등 문제에 관한 연구 조사 결과를 시각화하여 성차별이 여성 건축가의 경력에 미치는 영향을 효과적으로 보여주었다. 컨벤션 의원들이 압도되어 바로 통과시킨 '건축계의 평등Equity in Architecture'이라는 결의문의 공동 저자이자 에퀴티 바이 디자인의 설립 의장인 로사 솅Rosa Sheng은 "남성과 여성 모두 평등한 업계를 이루어야 건축적 재능을 보존하고 건축업을 발전시키며 건축의 가치를 사회에 공유할 수 있다는 사실을 알아야 한다."라고 말하며 "평등은 모두의 문제"라는 점을 분명히 했다. 대중이 건축가의 사회 기여도와 건축의 가치를 높게 봐주기만을 기대하지 말고, 건축계 자체를 깊이 들여다보고 업계 내 "인적 자본"의 가치를 스스로 깎아내리고 있는 상황을 고민해야 한다. 또한 결의문에서는 "자료를 평가해 활동 계획을 세우고 진행 과정을 확인하며 결과를 보

고하는 지속적인 프로그램 개발이 필요하다. 그 어느 때보다
도 개인의 노력과 단체의 역할이 동시에 필요한 시기이다."
라며 협회의 적극적인 활동을 요구했다. 하지만 결의문 자체
에서도 강조했듯 이 결의문이 처음은 아니다. 1장에서 살펴
보았듯 40년도 더 전인 1973년 샌프란시스코에서 열린 미국
건축가협회 컨벤션에서 첫 번째 결의문이 발표되었고, 그 후
로도 여러 차례 결의문이 만들어졌다.[45] 건축업계 내 단체의
지도부에서 언제쯤 회원들의 요구를 수용하여 효과적인 전
략으로 결단력 있게 성 불평등 문제를 다루어 나갈지는 더
지켜보아야 할 것이다.

건축가 바비에게 배운 것:
누구나 건축가가 될 수 있다

건축가 바비는 2011년 2월 뉴욕에서 열린 미국 완구산업협회 완구 박람회에서 등장했고, 3개월 후 뉴올리언스에서 개최된 미국건축가협회 컨벤션에서 건축업계에 정식 진출했다. 이 등장에는 정치적 배경이 있었다. 내가 미시간 대학교에서 연구원으로 근무하던 2006년의 일이다. 소수 집단 우대 정책affirmative action, 인종, 성별 등의 이유로 차별받아온 소수 집단의 구성원에게 대학 입시, 취업, 승진 등에서 혜택을 부여하는 정책을 중단하자는 내용의 프로포절 2Proposal 2가 주민 투표에서 통과되었다.[1] 투표가 진행되는 동안 벌어진 거센 논쟁으로 건축학과를 포함한 캠퍼스 전체에 긴장감이 돌았고 교우 관계가 틀어지는 모습도 많이 보았다. 학생과 교수진은 새로운 법안이 의미하는 다양성은 무엇인지, 궁극적으로는 다양성이 왜 중요한지 많은 고민을 해야 했다.

건축업계는 다양성을 간과하는 대표적인 업계이지만, 당시 상황은 중요한 문제였다. 1973년 미국건축가협회 컨벤션에서처럼 공개적으로 분명하게 업계 내 여성 차별에 문제를 제기하는 사례가 있었다.[2] 2000년대 중반에는 건축업계 젠더 이슈에 관한 자료도 풍부해졌다. 하지만 수십 년의 노력이 쌓였음에도 불구하고 그 영향력은 놀라울 정도로 미미했다. 2006년에도 건축업계가 지속해서 여성을 배제하는 이유와 방식을 업계 내외의 그 누구도 제대로 설명할 수 없었다.

여성주의 학자로서 건축업계 내에 견고하게 쌓여 내부인과 외부인을 분리하는 이데올로기적 울타리를 분석하는 일은 흥미롭다. 이 분석 작업은 업계 내에서 생성되어 대중문화를 통해 강화되는 건축가의 이상적 이미지를 살펴보는 것에서 시작할 수 있다. 20세기 초 오토 바르트닝과 카를 셰플러 등이 근대 건축에 관해 쓴 글에서 주장한 건축업과 여성성은 양립할 수 없다는 고질적인 고정관념은 여러 할리우드 영화에서도 찾아볼 수 있다. 1996년에 개봉한 영화 〈어느 멋진 날〉에서 미셸 파이퍼가 연기한 여성 건축가는 회사에 아이를 데려가야만 하는 상황에 처하고, 고층 건물이 우뚝 솟은 건축 모형을 들고 걷다가 본인 가방에 걸려 넘어져 모형을 부수고 만다. 이 장면은 창조적 생산과 인간의 재생산은 양립할 수 없다는 또 다른 뿌리 깊은 고정관념을 보여준다. 직장에서 필요한 능력과 가정에서 필요한 능력은 전혀 다르다는 주장이 계속되었고, 영화 〈클릭*click*〉(2006)에서 애덤 샌들러 Adam Sandler가 말했듯 훌륭한 건축가가 된다는 것은 나쁜 부모로 산다는 의미가 되어버렸다.[3]

나는 이러한 고정관념과 편협한 태도에 대한 논의를 활발히 하는 동시에 신중하고 유의미한 접근을 하고 싶었다. 그래서 2007년 봄 미시간에서 열린 합동 전시회에서 다양성 문제를 바라보는 독특한 관점을 제시했다. 또한 나는 게릴라 걸스 Guerrilla Girls, 익명의 페미니스트 예술가 그룹으로 문화 전반에 밴 성차별과 인종차별을 위트 있고 신랄하게 고발하는 활동을 한다처럼 정치적 활동에 유머를 활용하는 페미니스트 예술가들을 동경해왔고,[4] 프로포절 2의 영향으로 긴장과 적대감이 가득한 캠퍼스에서 분위기를 풀어주는 유머의 역할이 중요하다고 생각했다. 그때 건축가 바비를 떠올렸다. 2002년 마텔 사가 '바비는 될 수 있어Barbie I Can Be...' 시리즈에서 다룰 새로운 직업을 공개 투표로 선정한다고 발표했다. 건축가, 도서관 사서, 경찰을 두고 치열한 온라인 투표가 진행되었고 최종적으로 건축가가 가장 많은 표를 받았다. 하지만 실망스럽게도 마텔 사는 건축가 바비를 제작하지 않았다. 마텔 사의 대변인 줄리아 젠슨Julia Jensen은 어린아이들이 직장에 있는 엄마를 상상할 때 어려운 전문 용어를 떠올리지 않는다고 설명했다. 아이의 눈에 비친 모습은 "엄마는 커피를 마셔요, 온종일 전화를 해요." 수준으로, 건축가라는 직업은 "아이들의 어휘에 포함되어 있지 않다."고 말했다.[5]

건축가 바비의 탄생을 열망했던 나는 미시간 대학교 건축학과 학생들과 교수진에게 우리 나름의 시제품을 만들어보자고 제안했다. 특히 이제 막 건축 공부를 시작하고 업계 문화를 접하게 된 젊은 학생들이 어떤 모습을 떠올릴지 궁금했다. 건축학교 내에서 진행된 이 전시는 아주 큰 깨달음을 주었다. 나는 검은색 슈트를 갖추어 입고 프랑스의 유명 건축가 코르뷔지에Corbusier가 쓸 법한 안경을 쓴 바비를 예상했다. 다시 말해 건축을 먼저 고려했고 바비는 그다음이었다. 하지만 나와 전혀 다른 생각을 하는 학생들도 있었다. 그들이 상상한 바비는 패션과 헤어스타일, 메이크업을 중요시하는 지극히 여성적인 관점에서 바비의 고유한 언어로 건축을 바라보았다. 여성성을 통제하는 상황에서 오히려 여성성을 더욱 드러냄으로써 목소리를 키우는 젊은 세대의 "페메니즘 fem-men-ism, 페미니즘과 남성을 합성한 신조어로 여성과 남성을 모두 아우르는 양성 평등 사회 실현을 위한 움직임을 의미한다" 또는 "걸 파워grrrl power, 야심과 강한 자기주장, 개성을 드러내며 독립적인 태도를 지닌 여성들을 지칭하는 용어. 슬로건 으로도 쓰인다" 개념을 바비 인형을 통해 명확하게 확인할 수 있었다. 남성의 영역으로 신성시되어온 건축업계에서 바비의 "여자애" 같은 모습은 억압이 아닌 저항의 상징이었다. 그들의 바비 인형은 내 눈을 똑바로 바라보며 "건축가도 핑크색 옷을 입을 수 있어요."라고 외치는 것만 같았다.

몇 년 후 다시 건축가 바비가 판매용 완구로 출시될 가능성이 생기면서 상상을 실현할 기회가 왔다. 2010년 2월 마텔 사는 바비의 125번째 직업을 결정하기 위해 2002년의 실수 이후 처음으로 공개 투표를 진행했다. 마텔 사는 '바비는 될 수 있어' 시리즈에서 "어려운" 직업을 피한 적이 있었지만 이번에는 여성의 지위가 약한 직업에 초점을 두며 발전적인 면모를 보여주었다. 건축가 바비는 의사 바비, 컴퓨터 엔지니어 바비와 경합을 벌였고 승리는 컴퓨터 엔지니어 바비의 몫이었다.[6] 패배를 인정하기 어려웠던 나는 버펄로 대학교의 켈리 헤이스 매컬로니Kelly Hayes McAlonie와 함께 건축가 바비를 살리기 위한 총력전을 펼쳤고 끝내는 마텔 사에 직접 접촉까지 했다. 그리고 놀랍게도 켈리와 함께 건축가 바비의 디자인에 참여할 수 있게 되었다.

그 후로 6개월 동안 마텔 사는 건축업계를 조사했고, 켈리와 나는 신기한 완구 제조업계를 경험했다. 가장 먼저 깨닫게 된 것은 바비에 직업적 이미지를 담아내는 작업은 단순히 어른의 세계를 축소하는 것이 아니라는 점이었다. 아이들의 용어로 바꾸어 보여주는 작업이었다. 물론 건축가들은 검정 옷을 즐겨 입는다. 실제로 그러하다. 하지만 다섯 살 여자아이에게 검정 옷을 입은 인형은 "악당"이거나 "장의사"일 뿐, "건축가"로 보이지 않는다. 우리는 마텔 사의 디자이너 에이미 리Amy Lee와 함께 건축가 바비의 의상을 작업하며 부피를 줄이고 선을 단순화하고 기본적인 색상을 사용하는 데 초점을 맞추었다. 바비의 발 모양이 똑같이 만들어지기 때문에 굽 없는 신발을 신길 수 없어서 발목까지 오는 검은색 통굽 부츠를 신겼다. 건축 기술의 변화에 따라 작업에 사용하는 물건도 빠르게 변하기 때문에 소품을 정하는 일이 무척 어려웠다. 우리는 25가지 후보군을 만들었고 마텔 사에서는 상징적이면서도 건축가라는 사실을 바로 알아볼 수 있는 3가지 소품, 핑크색 도면통과 하얀 안전모, 검정 안경을 선택했다.

배경을 사무실에서 현장으로 변경하기로 하면서 의상도 문제가 되었다. 사무실과 현장 모두에서 입을 수 있는 옷은 뭐가 있을까? 처음에는 캐주얼한 바지를 생각했지만 최종적으로는 원피스로 결정했다. 100년 전 남성들은 여성의 원피스가 성가시다는 이유로 건설 현장에 여성의 출입을 막는 운동을 벌이기도 했다. 사실 성가신 건 여성의 옷이 아니라 여성 자체였겠지만. 어쨌든 당시 여성의 바지 착용이 금지되어 있었다는 점을 고려할 때, 이는 건축업계에서 여성을 배제하는 아주 그럴듯한 방법이었다.[7] 건축을 상징하는 안전모와 여성성을 상징하는 원피스를 함께 배치하기로 한 결정은 오래도록 통제되어온 걸 파워를 당당히 보여주기 위한 것이었다.

건축가 바비는 우리의 예상보다 훨씬 대단한 반응을 불러일으켰다. 2월 완구 박람회에서 처음 공개한 후 약 20개의 TV 프로그램을 포함해 언론에서 300여 차례 다루었고, 그해 가을까지 언론에서 보도한 횟수는 총 1억 7500만 회에 달했다.[8] 12월에는 《가디언*Gurdian*》, 《빌딩 디자인 *Building Design*》, 《USA 네트워크*USA Network*》에서 2011년 건축계 최고의 이슈로 건축가 바비를 선정했고, 《월스트리트 저널*Wall Street Journal*》의 화제의 사건hot stuff 설문조사에도 등장했다.[9] 영국의 《아키텍츠 저널》에서는 최초로 여성 건축가를 주제로 기획한 호를 발간하면서 건축가 바비를 표지 모델로 썼다. 건축가 바비는 《엘르 데코*Elle Decor*》에 소개되었으며 심지어 《보그*Vogue*》에도 언급되었다.[10] 켈리와 나는 이 모든 상황을 바라보며 입을 다물지 못했다.

건축가 바비는 환영받았다. 유명 인사들과 패션, 페미니즘 뉴스를 다루는 매체 《제제벨*jezebel*》의 독자들은 2월 건축가 바

건축가 바비 (Mattel, 2011)

비에 대한 이야기가 쏟아져 나오자 두 팔 벌려 환영했다. 독자 Asp는 "마이크 브레이디Mike Brady가 시골에서 주유소처럼 생긴 집만 짓기 시작한 이래로 내가 선택한 직업이 이렇게 활기차고 멋지게 느껴진 건 처음이다."라는 댓글을 썼다. 또 다른 건축가 독자인 hottotrot는 "가격이 얼마이든 저 핑크색 도면통을 사고 싶다."라고 말했다. Anita Drink는 "세상에, 옷 너무 예쁘다, 다 갖고 싶다!"라는 글을 올려 바비의 의상을 탐냈다. 건축업계의 관습을 무시한 여성스러운 바비의 모습은 《제제벨》의 독자들에게 분명한 인상을 남겼다. bettylyons는 이런 평을 남겼다. "하워드 로크의 영향을 받지 않았다는 건 분명하다."[11]

하지만 건축가 바비를 비웃는 이들도 있었다. 오스트레일리아 잡지 《인디자인*Indesign*》 웹사이트에는 건축가 바비를 보도한 기사에 부정적인 반응이 쇄도했다. Dinah는 "실제 건축가들이 검정 옷만 입는다는 사실은 누구나 안다."라고 말했고 Skye는 "어차피 저런 힐을 신고는 현장에 나갈 수 없으니 안전모는 있으나 마나 하다."라고 반응했다. Mat은 "입사 석 달 만에 도면을 붙잡고 울다가 포기하고 네일 디자이너가 될 건축학과 신입생 같다."라고 평가했다. 한 건축가는 "건축가라기보다 실내 디자이너 또는 장식업자에 가까운 모습이다."라는 반응을 남겼다. Brightbeam은 "멍청한 금발 미녀의 전형을 보여주는 건축가 바비"라고 평했다.[12]

바비를 향한 비판 중 일부는 건축업계의 젠더 문제를 정확하게 겨냥한 것이었다. 건축가인 Sarah는 낸시 레빈슨Nancy Levinson의 《디자인 옵서버*Design Observer*》 글에 다음 댓글을 남겼다. "건축가 바비는 저렇게 딱 붙는 옷을 입고 아저씨들이 가득한 사무실에도, 인부들이 오가는 현장에도 갈 수 없다. 사실은 해진 검정 바지를 입고 사무실에서 쪽잠을 자느라 구겨진 셔츠를 입고 있을 것이다. 치과 보험이 없어 치아 상태가 좋지 않고 늘 책상에 앉아 급히 밥을 먹는 나쁜 식습

관 때문에 배도 나와 있을 것이다. 도면통과 안전모, 안경 대신 남성 동료보다 30% 적은 월급 명세서와 우울증 치료제, 과민대장증후군 약을 들고 있어야 한다."[13]

바비는 처음 출시되었던 1959년의 전형적인 아기 인형 모습에서 여성성이 강조되는 방향으로 변화해왔고 수십 년 동안 학자들은 이러한 변화를 두고 열띤 토론을 벌였다. 바비를 옹호하는 이들은 바비의 반체제적 성향과 결혼보다 독립성과 직업 능력을 우선시하는 태도를 강조한다. 바비의 직업에 고정관념이 반영된 경우도 일부 있었지만, 페라리와 포르쉐를 끌고 다니고 자기 집을 소유한 카레이서 바비NASCAR Barbie처럼 대담하고 돈도 잘 버는 직업들도 있었다. 카레이서 바비는 모험과 여행을 즐기고 멋진 오토바이에 올라타 뻥 뚫린 도로로 달려나간다. 반면 비평가들은 바비가 보여주는 삶의 방식이 행복을 물질주의와 동일시하고 소비를 조장하며, 바비의 "터무니없는 체형"이 식이장애를 초래한다고 지적했다.[14] 페기 오렌스타인Peggy Orenstein 등은 성 고정관념이 반영된 색상 선택과 여자아이를 대상으로 판매하는 상품 대부분이 핑크색이라는 점을 비판하기도 했다.[15]

건축가 바비가 너무 금발이며 핑크색을 비롯해 의상 색상이 너무 다양하고 화장이 과하며 다치거나 사고가 발생하기 쉬운 옷과 신발이라는 식의 비판이 계속되자, 건축가의 외양과 존경받는 건축가가 된다는 것에 대한 전제 조건을 두고 분노의 목소리가 터져 나왔다. 일부는 고정관념에 대항하는 바비의 "대담한" 도전을 환영했고 건축업계가 정체성을 잃었기 때문에 구시대적 사고방식에 집착하는 것이라고 비판했다.[16] 한편에서는 롤 모델의 부재 문제를 지적하며 여자아이가 건축가의 꿈을 갖게 되는 과정에 건축가 바비와 레고LEGO 중 무엇이 더 영향을 미칠지 의문을 제기하기도 했다.[17]

건축가 바비에 관한 담론이 활발해지면서 남성과 여성뿐 아니라 다른 연령대의 여성 사이에도 깊은 갈등이 있다는 사실이 드러났다. 바비는 문화 아이콘으로서 엄청난 파급력을 보이며 논란 속에서 환호와 증오를 불러일으켰고 그 과정에서 이전에는 드러나지 않았던 여성 건축가 안의 세대 격차를 보여주며 단순히 인형이라 부르기에는 대단한 역할을 해냈다. Inda는 2011년 링크드인Linkedin의 미국건축가협회 그룹에서 '핑크 페티시Fetish in Pink'라는 연속 토론을 개최했는데, 격렬했던 장시간의 토론에서 세대 격차를 분명하게 확인할 수 있었다. Inda는 이렇게 기록했다.

> 나와 같은 시대를 살아온 여성들은 페미니스트 혁명이
> 어떤 것인지, 바비가 무엇을 상징하는지 알고 있다.
> 바비는 성차별주의의 상징이다. 더없이 신중하게 다루어야
> 하는 문제이다. 성차별적 입장에서 성차별적인 방식으로
> 건축을 알리는 일은 남성과 여성 모두에게 좋은 방향이 아
> 니다.

1960~1970년대 격변의 시기에 성장하고 거리에 나가 행진했던 우리는 아이에게 절대 바비 인형을 사주지 않는다. 그것은 원칙 같은 것이다. 바비 인형은 여성이 건축계에 받아들여지지 않았던 시대의 흔적이라는 사실을 알아야 한다. 현재 우리 사회는 페미니즘 이전의 시대로 돌아가기 위해 흔들리는 시계추에 매달려 있다. 진정 "매드맨Mad Men"의 시대를 그리워하는 것인가?

35세라고 밝힌 Adriana는 이에 대해 "과한 생각이다. 바비는 인형일 뿐 현실 여성의 표상이 아니다. 나는 12살까지 많은 바비 인형을 갖고 놀며 성장했다. 하지만 갖고 놀던 오동통한 양배추 인형처럼 되어야 한다고 생각하지 않은 것처럼 내가 바비처럼 보여야 한다는 생각은 하지 않았다."라고 말했다. Leslie는 격한 분노를 표했다. "바비를 싫어하고 부정적으로만 보는 젠장맞을 사람들. 나는 바비의 옷을 갈아입히고 인형 상자로 집과 마을을 꾸미며 자랐다. 그때도 지금도 나에게 바비는 '성차별적' 상품이 아니라 상상력의 세계를 넓혀준 장난감이다. 이걸 이해하지 못하는 일부 '고지식한' 사람들이 있어 안타깝다." Laura는 "바비를 불쾌하게 생각하지 않는 젊은 여성 건축가들이 있어 다행이다. 하지만 이 담론은 단순히 인형에 대한 것만이 아니다. 나는 바비를 아름답게 보고 싶다. 하지만 그럴 수 없다. 바비는 여성의 외모를 철저히 왜곡한다. 바비와 같은 신체 치수를 가진 여성은 현실에서 존재할 수 없다. 마찬가지로 중요 부위를 생략한 남자

인형 켄Ken이나 지 아이 조GI Joe의 모습도 충격적이다."라고 말했다. 매끈하기만 한 남자 인형의 복근을 지적하는 반응도 있었다. Inda는 이렇게 덧붙였다. "바비의 이미지가 정말 무엇을 의미하는지 이해하지 못하는 젊은 건축가들이 많다. 어쩔 수 없다. 이 진보가 얼마나 달성하기 어려운 것인지 보여줄 뿐이다."[18]

이러한 세대 간 의견 차이는 레빈슨의 《디자인 옵서버》글에 대한 반응에서도 드러났다. 1980년대 중반 건축 회사를 세운 Tracey는 건축가 바비의 이미지를 "역행적"이라고 표현했다. 같은 세대의 회사 설립자인 Patricia도 바비가 보여주는 "'여자는 섹시해야 성공할 수 있다'는 모욕적이며 시대착오적인 메시지"에 유감을 드러냈다. 젊은 세대를 무시하는 기성세대의 태도에 Ellie는 날카롭게 대응했다. "건축가 바비는 정말 멋지다!!! 건축가 바비가 역행적이라고 생각하는 나이 든 사람들은 모두 그 오만한 태도를 버려야 한다. 왜 남성적 성향과 지식인인 척하는 지루한 복장 규정에 맞추어야만 젊은 여성 건축가가 인정받을 수 있다고 생각하는 걸까? 짧은 치마에 스타킹을 신고 일해도 문제없다. 오히려 이런 복장으로 현장에 나가면 업체 사람들은 내 한 마디 한 마디에 더 집중한다. 바비 만세!"[19]

민감한 문제를 다루기에 온라인에서의 대화가 적절하지 않을 수 있다는 부분을 인정하더라도 현재의 대화는 중간 타협

지점이 너무 없다는 점에서 우려가 된다. 건축업계의 여성들 안에서 젊은 세대와 기성세대 간에 깊은 불신이 자리하고 있다는 것도 확인되었다. 기성세대는 젊은 여성 건축가들이 진짜 문제가 무엇인지 정확히 인지하지 못하고 "진정한" 페미니스트 혁명을 위태롭게 한다고 비판한다. 반면 직업적 정체성과 전략을 새롭게 정의하는 젊은 세대는 기성세대를 자신들과 무관하게 생각하거나 강압적이라고 본다.

바비가 논란이 되지 않았다고 해도 Inda와 Ellie가 바라보는 관점은 같을 수 없었을 것이다. 언제 어디에서나 세대 간에는 갈등이 발생하므로 자연스러운 일이라고 볼 수도 있다. 나는 미시간 대학교 학생들과 그들이 보여준 걸 파워 개념에 놀랐고 많은 것을 배웠다. 한 세대를 희생하고 다른 한 세대가 이끌어나가는 것이 아니라 세대가 함께하는 방법을 찾아야 건강한 진보를 이룰 수 있다. 2013년 데니즈 스콧 브라운 청원에서 이야기되었듯 제2의, 제3의 페미니즘 물결에서 각 세대가 서로의 과제를 이해하고 지원한다면 전 세대를 아우르는 대통합을 이룰 수 있을 것이다. 통합과 연대는 막연한 상상이 아니라 반드시 이루어야 하는 일임을 건축가 바비를 통해 배울 수 있었다.

2011년 10월 미국건축가협회 샌프란시스코 지부에서 건축가 바비가 직업적 고정관념에 미친 영향과 여성 건축가의 지위, 건축가로서 성공하기 위해 필요한 것에 대해 논의하기 위해 조직한 '건축가 바비를 만든 여성들 (그리고 남성들)' 행사를 준비했는데, 이곳에서 나는 세대 통합을 이루어가는 과정을 확인할 수 있었다.[20] 다양한 분야에서 각기 다른 경력을 쌓은 여성 건축가들이 만석을 이룬 심포지엄에서 건축가 바비에 대한 생각을 공유했다. 여기에서도 세대 간의 의견 차이가 드러났음에도 활발한 토론 끝에 새로운 연합을 결성할 수 있었다.[21] 이 행사의 열기는 다음 해에 개최된 건축업계 내 여성의 지위 유지 및 발전에 초점을 둔 '사라진 32% 심포지엄'으로 이어졌고, 현재 여성 건축가의 미래를 위한 연구 및 논의에 핵심적인 역할을 하는 에퀴티 바이 디자인의 시작을 이끌어냈다.[22]

'건축가 바비를 만든 여성들 (그리고 남성들)' 행사의 조직위원이었던 리사 보퀴런Lisa Boquiren은 건축가 바비가 "도화선"이 되어 건축계 내의 고질적인 갈등을 처음으로 제대로 다룰 수 있었다고 말했다. 리사는 이렇게 물었다. "남성 중심적 건축업계에서 여성의 낮은 입지에 대한 이야기를 시작하기에 세계적 영향력이 있는 미국의 문화 아이콘보다 효과적인 화제가 있을까?"[23] 나와 켈리는 어떤 요란한 논쟁보다도 참기 어려웠던 길고 긴 침묵이 깨지는 과정을 지켜보며 무척 기뻐하는 한편 바비의 파급력을 이용할 수 있는 또 다른 영역을 떠올렸다.

건축가 바비의 옷과 헤어스타일, 소품을 둘러싼 열띤 토론보다도 가장 중요했던 것은 실제 일상생활 속에서의 현실성이었다. 건축가 바비를 공식 출시한 뉴올리언스 미국건축가협회 컨벤션에서 분명하게 깨달은 이 사실은 바비를 통해 배운 가장 큰 교훈으로 오래도록 도움이 되었다. 켈리와 나는 마텔 사와 미국건축가협회와의 협업으로 가까운 지역에서 모집한 400여 명의 여학생을 대상으로 워크숍을 개최했다. 여성 건축가들이 조직한 이 워크숍은 건축가가 하는 일에 대한 소개, 여성 건축가가 하는 일의 과거와 현재에 대한 논의, 바비의 집인 "드림하우스Dreamhouse"를 개조해보는 활동까지 세 단계로 구성되었다. 개조 활동은 평면도를 그리는 기본적인 기술을 교육하고 이상적인 실내 환경을 구상해볼 수 있도록 하는 데 초점을 두었다. 워크숍 자료는 미국건축가협회 웹사이트에 게시되어 있으며, 건축가 바비 워크숍은 이후 건축가 루트비히 미스 반데어로에Ludwig Mies van der Rohe가 설계한 일리노이 공과대학교 크라운 홀과 애리조나 윈도록에 있는 나바호 국립 박물관Navajo Nation Museum에서도 개최되었다.[24]

우리는 뉴올리언스 모리얼 컨벤션 센터Morial Convention Center에서 워크숍과 전시를 결합해 부스를 운영했다. 전시 공간에는 1965년 출시된 우주비행사 바비부터 2010년 출시된 컴퓨터 엔지니어 바비, 그리고 이제 막 출시된 건축가 바비까지 약 50년 동안 남성 중심적 직업으로 출시된 바비 인형들이 전시되었다. 1979년부터 출시된 A자형 바비의 드림하우스도

현대 타운하우스 모델과 함께 진열되었다. 워크숍 공간에는 30명의 여학생이 앉을 수 있게 흰 피크닉 테이블들이 놓였다. 그 위로는 눈에 확 띄는 진한 핑크색 바비 간판이 걸렸다. 배수관부터 최신 건축 기술까지 모든 것을 파는 회사들이 모인 지극히 남성적인 풍경의 넓은 박람회장에서 바비 부스와 어린 참가자들은 단연 눈에 띄었다. 시작한 지 얼마 되지 않아 우리 부스는 박람회 인기 명소가 되었다.

하지만 참가 학생들은 그 인기를 알아채지 못했다. 학생들은 공간을 구성하고 통제하는 방법을 배우려는 강한 열망과 놀랄 정도로 흔들리지 않는 집중력을 보여주었다. 워크숍에 참가하기 전에는 여성도 건축가가 될 수 있다는 사실조차 알지 못했다고 말하는 학생도 있었다. 하지만 바비가 가능성을 열어주었고 학생들의 관심은 뜨거웠다. 마음에 들었던 도면 중 하나는 7살짜리 학생이 그린 것이었는데 괴물을 위한 방이 하나 있었다. 학생은 괴물에게 고유한 공간을 만들어 줌으로써 그 방을 제외한 집 전체가 괴물이 없는 편안한 공간이 된다는 사실을 이해하고 있었다. 어렸을 적 누구나 경험해 본 두려움을 프로이트 없이도 건축 디자인으로 해결할 수 있었다. 워크숍이 끝나고는 모든 학생에게 제도 도구와 건축가 바비를 담은 가방을 선물로 나누어주었다.

워크숍을 진행하는 내내 자신의 공간 구성 능력을 의심하거나 여성의 직업으로 건축업이 적합한지 묻는 학생은 단 한

명도 없었다. 바비의 파급력이 바로 이 부분에 있다. 어린 여자아이들에게 바비만큼 매력적인 장난감은 없다. 아이들은 자기의 인형을 온전히 자신만을 위한 것으로 생각하고 바비가 하는 것은 무엇이든 여성의 영역에 속한다고 인지한다. 아이들은 바비가 무엇을 하든 자연스럽게 받아들인다. 이것이 바비가 가진 힘이다. 물론 건축가 바비가 모든 문제를 해결해줄 수는 없다. 건축계가 진정으로 다양성을 포용하는 업계가 되기 위해서는 뿌리 깊은 여성 차별적 태도가 변화해야 한다. 학교와 회사의 회의실, 휴게실에서 업계 내 여성의 자리를 지켜내고 이들의 활동을 촉진할 방법에 대해 공개적인 논의를 활발히 해야 한다. 건축가 바비가 이러한 논의까지 활성화해준다면 더할 나위 없겠지만 근본적으로 바비는 성인을 위한 것이 아니며 바뀌어야 하는 곳은 흙먼지가 휘날리는 현장이다. 아이들이 안전모와 건설 현장을 아주 일상적인 생활의 한 부분으로 받아들이는 날이 오기를 바란다.

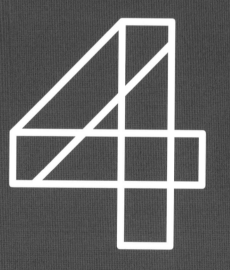

건축상은 누구의 것인가

자하 하디드가 프리츠커상을 받은 2004년, 하디드의 성별을 언급하지 않은 기사는 단 하나도 없었다. 모든 건축가가 열망하는 권위 있는 건축상이 25년 만에 처음으로 여성에게 수여되었다. 하디드의 수상을 개인적·직업적 보상을 넘어 여성의 승리로 보는 이들도 있었다. 건축계 가장 높은 곳에서 찬란하게 빛나던 유리 천장이 드디어 깨진 것이었다. 적어도 깨진 것처럼 보였다.

하디드는 매번 프리츠커 수상자에게 쏟아지는 "대담하다", "급진적이다", "환상적이다", "천재적이다" 같은 언론의 찬사를 받았다.[1] 하지만 보통의 경우와 달리 한 개인으로서의 업적에 대한 언급보다, 여성의 불안정하고 과잉된 감정 상태를 암시하며 "쉽지 않은" 성공이었다고 말하거나 하디드를 "디바diva"로 칭하는 경우가 많았다.[2] 실제로 남성 수상자였다면 생각도 못 할 방식으로 기사를 쓴 기자도 몇 있었다. 그 예로 수상 직후 하디드를 인터뷰한 영국 신문 《가디언 Guardian》의 기자 스튜어트 제프리스Stuart Jeffries는 다음과 같이 호의적이지 않은 묘사로 기사를 시작했다. "하디드는 축축한 손을 떨며 악수를 청했다. 감기에 걸린 상태였다. 실망스러웠다. 이전 기사들에서 묘사된 맹렬한 괴물 같은 모습은 어디로 간 걸까? 아찔한 하이힐을 신고 북런던 스튜디오를 돌아다니며 휴대폰에 대고 아랍어로 욕을 하고 위협적인 앵글로색슨어로 직원들의 잘못을 지적해대며 남자들의 자존심을 깔아뭉개는 여장부의 모습은 어디로 갔냐는 말이다." 제

자하 하디드 (Dmitry Ternovoy, 2013)

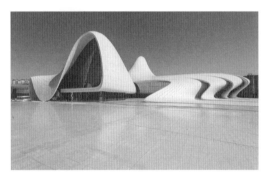

자하 하디드의 대표 작품 중 하나인 헤이다르 알리예프 문화센터
(saiko3p/PIXTA, 2016)

프리스는 하이힐을 신은 맹수 같은 모습을 기대했지만 연이은 수상 연설로 녹초가 된 하디드는 그를 "우울한 갈색 눈"으로 쳐다보았다고 썼다. 이어 그는 "하디드의 존재를 가장 과감하게 표현할 수 있는 단어"라며 여성에게 모욕적인 심

한 욕설을 언급해 문제를 일으켰다. 제프리스는 1994년 카디프 베이 오페라 하우스Cardiff Bay Opera House 건축 공모에서 당선되었지만 부정적인 언론 반응으로 인해 정치인들이 건설을 거부한 하디드의 논쟁적인 디자인을 두고 한 표현이라며 비난을 무마했다. 그는 하디드를 전 세계를 누비며 성공을 거두는 대신 "평생의 동반자라고는 급성 독감뿐인 독신 일벌레"라고 표현하며 기사를 마무리했다.[3] 《파이낸셜 타임스 *Financial Times*》의 에드윈 히스컷Edwin Heathcote은 다른 여러 기자가 그러했듯 하디드의 성별이 수상에 도움이 된 것은 아닌지 의문을 제기하며, 본인이 수상 자격이 있다고 생각하는지 하디드에게 질문을 던졌다. 하디드는 "어떻게 대답해야 할지 모르겠군요. 자격이 있다고 생각한 사람들이 있는 것은 분명하죠."라고 답했다.[4]

수상 발표 며칠 후 비평가 허버트 머스챔프Herbert Muschamp 는 《뉴욕타임스》 기사에서 하디드가 "일류 건축가의 세계"로 진입하는 데 시간이 이토록 오래 걸린 이유를 분석했다. 결과적으로 그는 하디드 본인의 잘못이라고 평가했다. "하디드는 어려운 설계를 하는 것으로 명성을 쌓았다. 그녀의 이미지에 걸맞은 명성이다. 일부 추종자들은 하디드가 건축적 능력보다 대중적 이미지 구축에 더 큰 노력을 하는 것은 아닌지 우려를 표했다." 머스챔프는 하디드가 런던의 영국 건축협회 건축학교를 졸업한 후 한참 동안 다른 사람들이 자신의 아이디어를 이용하는 상황에도 불구하고 "유명 디자이너의 옷을 차려입고 화려한 겉모습으로 번화가를 혼잡하게 하는 수준에 만족하는 것으로 보였다."고 말했다. 머스챔프의 주장에 따르면 하디드는 카디프 베이 오페라 하우스 건축이 엎어지면서 이러한 문제적 태도를 버리고자 노력하기 시작했다. "수업 방식이 변화했고 프로젝트 설명이 더욱 명확하고 실제적인 방향으로 바뀌었다. … 자신을 지지해주는 이들에게 감사하는 마음을 갖게 되었다. 고된 업무와 실망감에서 오는 스트레스를 감추지 않게 되었다. 점차 걸걸한 목소리의 덩치 큰 농부 같은 하디드의 다른 면모가 드러났다. 이 변화된 모습은 하디드의 학문적 면모보다 두드러졌다." 이어 머스챔프는 "이제 하디드는 책을 주제로 대화할 사람이 아니다. 그녀를 움직이는 것은 토속적인 성향인 것 같다. 나는 양고환 요리를 딱히 좋아하지는 않지만 어쩌다 이 별미가 생각나는 날이면 누구에게 연락해야 할지는 안다."라고 말했다.[5]

머스챔프는 현실적으로 변화한 하디드가 문화적으로 남성의 영역으로 여겨지는 학문의 세계에서 여성의 영역에 더 가까운 육체적 쾌락의 세계로 방향을 전환했다고 주장했다. "하디드가 휴식을 취하곤 하는 델라노 사우스 비치에 가면 풀장 옆에 누워 반짝거리는 오일을 바른 채 있지도 않은 파리를 쫓고 있는 하디드를 볼 수 있다. 버틀린 휴가지에서 여유를 만끽하는 영국 아줌마처럼 보일 것이다. 실제로 그녀는 아줌마처럼 크게 웃는다."[6]

머스챔프는 하디드가 "방어적 태도"를 내려놓음으로써 작업을 "근본적인" 방식으로 발전시킬 수 있었다고 평가하며 업계 중심에 있는 남성 건축가들의 작품과 하디드의 작품을 비교했다. 머스챔프의 관점에는 하디드의 성별이 큰 영향을 미쳤다. 그 예로 오클라호마 바틀즈빌의 프라이스 타워 아트센터Price Tower Arts Center를 확장하려는 하디드의 계획은 프랭크 로이드 라이트Frank Lloyd Wright가 건축한 고층 건물을 5만 5000제곱피트5100제곱미터 규모의 구조물로 둘러싸는 것이었다. 이에 대해 머스챔프는 다음과 같이 평가했다. "하디드는 라이트가 세운 건물의 수직성을 강조하는 감각적이면서도 유기적인 선을 살렸고, 단순히 기존 건물을 보조하는 방식이 아니라 함께 어우러지는 방향을 찾았다." 머스챔프는 하디드의 계획을 동양적이라고 평가하며 이 건축 계획을 감각적인 동양의 여성미와 서양의 수직적 남성성이 어우러진 성적 결합으로 표현했다.[7]

당시 《아키텍처럴 레코드Architectural Record》의 편집장이었던 로버트 아이비Robert Ivy는 하디드의 위상을 떨어뜨리는 언론 보도들을 격하게 비난했다. "업계를 선도하는 인물의 대단한 수상 업적을 보도하면서 이렇게 개인적인 신상을 들먹이는 경우는 본 적이 없다. 마리 퀴리Marie Curie의 패션을 지적하거나 노벨상 수상자 토니 모리슨Toni Morrison의 헤어스타일을 평가하는 기사를 상상해보라. 프리츠커상을 받은 하디드는 그만한 업적을 세운 인물이고 더 나은 대우를 받아야 한다.

건축은 더 나은 대우를 받을 가치가 있다." 아이비는 하디드의 "성격적 특성"에 집중한 머스챔프를 지목해 비판했다. 특히 머스챔프가 하디드의 직업적 성숙 과정을 이야기하는 방식을 두고 "남성 건축가들도 그런 아마추어적인 정신분석의 대상이 되긴 할까?"라며 의문을 제기했다. 풀장에서 오일을 바르고 있는 하디드를 묘사한 부분을 지적하며 "유감스럽게도 알 필요가 없는 설명을 하면서 정작 하디드의 수상 이유에 대해서는 제대로 다루지도 않았다."라고 비난했다.[8]

아이비는 하디드를 모욕적으로 다룬 언론을 비난했지만, 그 결과 과거 프리츠커상 심사위원들에 대한 비판이 다시 수면 위로 떠올랐다. 하디드가 첫 여성 수상자의 영예를 안을 수 있었던 것은 그 이전에 안타깝게 누락된 수상자가 있었기 때문이다. 1991년 프리츠커상 심사위원들은 로버트 벤투리를 수상자로 결정하면서 회사를 30년 넘게 같이 운영했을 뿐 아니라 긴밀하게 협력하며 활발히 활동한 그의 아내, 공동 대표, 건축가, 기획자, 작가인 데니즈 스콧 브라운을 제외해 논쟁을 초래했다.[9] 심사위원단은 공동 대표나 회사가 아니라 개인에게만 프리츠커상을 줄 수 있기 때문에 그렇게 결정했다고 공식 발표했다. 하지만 한 해에 두 명에게 수여한 전례가 있었다. 1988년에는 고든 번섀프트Gordon Bunshaft와 오스카 니마이어Oscar Niemeyer가 상을 받았다. 10년 후인 2001년에도 단독 수상만 가능하다는 기준을 어기고 남성 공동 대표인 자크 헤르조그Jacue Herzog와 피에르 드 뫼롱Pierre de Meuron

이 공동 수여했다. 벤투리는 공정하지 않은 기준에 대해 공개적으로 유감을 표시했다.[10] 그는 파트너 없이 진행한 수상 연설에서 다음과 같이 말했다. "오늘날 이 상이 인정하는 작품의 범위와 그 작품의 우수성은 점점 더 부분적인 차원이 되어갈 것입니다. 데니즈의 창조적 능력과 비판적 사고가 우리 작품에서 필수적인 요소입니다." 스콧 브라운은 수상 연설에 참석하지 않았다.[11] 《로스앤젤레스 타임스*Los Angeles Times*》기자가 이에 관해 질문하자 업계를 이끌어나가기 위해 남성 슈퍼스타를 만들어야만 하는 건축계의 불안정성이 문제라고 대답했다. 데니즈는 "가정을 꾸리고 있는 엄마나 아빠를 업계 권위자로 내세우지 못하니까요."라고 덧붙였다.[12]

스콧 브라운이 지적한 건축업계의 성차별적 스타 만들기 관행은 여성을 배제해온 프리츠커상이 있었기에 오래도록 굳건히 유지될 수 있었다. 스콧 브라운은 1974년 오리건에서 개최된 웨스트코스트 여성 디자인 콘퍼런스West Coast Women's Design Conference에서 남편의 예술적 협력자 또는 독립적인 한 건축가로 인정받기 위해 해온 노력에 대해 연설했고, 연설 내용은 1989년 쟁점이 된 에세이 〈일류의 자리? 건축계의 성차별주의와 스타 만들기Room at the Top? Sexism and the Star System in Architecture〉로 발표되었다. 스콧 브라운은 비평가와 심사위원들이 "소수"의 영역을 독점하기 위해 "특정 집단을 위한 킹메이커" 역할을 하고 있다며 비판했다. "이 킹메이커 역할을 하는 비평가 또한 물론 남성이다. 그들은 남성의 영역이 건축 전부인 것처럼 글을 쓴다. 남성들의 눈에는 비평가들이 전체를 위한 왕을 세우기 위해 애쓰는 착실한 바보처럼 보일 것이다. 하지만 여성에게 왕관을 씌워주는 일에는 조금의 정신적 보람도 느끼지 않는다." 벤투리는 회사를 공동으로 운영하고 있다고 강조하며 공동 대표의 업적을 적합하게 인정해달라고 요구했지만, 비평가들은 스콧 브라운을 그냥 무시하거나 "눈에 띄지 않는 형식적인 인정"을 보여줄 뿐이었다. 심사위원들은 수상 발표문을 마무리하는 11번째 단락에서 스콧 브라운의 역할을 피상적으로 언급했고, 그 중에서 정확한 표현은 단 한 문장이었다. "데니즈 스콧 브라운은 지난 30년 동안 벤투리의 건축 이론과 디자인 발전을 함께 이루어왔다. 두 사람은 24년째 결혼 생활을 이어오고 있으며 《캄피돌리오 언덕에서 바라본 풍경: 에세이 모음집, 1953~1984년A View from the Campidoglio: Selected Essays, 1953-1984》과 스티븐 이제누어Steven Izenour 공저의 《라스베이거스의 교훈Learning from Las Vegas》을 함께 펴냈다.[13]

자하 하디드와 데니즈 스콧 브라운의 사례에서 볼 수 있듯 주요 건축상과 여성의 접점에는 마찰이 있어왔다. 하디드는 수상할 자격이 없다는 말을 들으며 프리츠커상을 받았고 스콧 브라운은 상을 받을 자격이 없다는 말을 들으며 수상에서 제외되었다. 하디드의 수상을 보도한 기사에서는 남성에게 맞추어진 스타 건축가의 이미지에 하디드를 끼워 넣으려는 불편한 노력이 드러났고, 스콧 브라운의 누락을 보도하는 기사에서는 아내들은 인정받지 못한다는 명확한 배제를 확인할 수 있었다. 하디드 이후로 프리츠커상을 단독으로 받은 여성 건축가는 없었으며 부부 건축가가 함께 수상의 영광을 안은 사례도 없었다. 2010년 프리츠커상은 세지마 가즈요 Sejima Kazuyo와 함께 세지마&니시자와 건축사무소Sejima and Nishizawa and Associates, SANAA를 설립한 젊은 남성 동업자 니시자와 류에Nishizawa Ryue가 공동 수상했다(두 사람은 커플은 아니었다). 수상 발표문에서는 세지마와 니시자와의 "독특하고 창조적인" 협업 방식을 강조했다.[14] 다음 해 프리츠커상은 왕수Wang Shu에게 수여되었는데 그의 아내이자 동업자 루원위Lu Wenyu를 배제해 또다시 비판을 받았다. 루원위는 15년 동안 함께 일을 하고 있으며 수상 발표문에 언급된 14개의 프로젝트 중 13개를 공동 작업했다.[15] 현재까지 39명의 프리츠커상 수상자 중 여성은 단 2명, 5%에 불과하다.2017년 여성 건축가 까르메 피젬(Carme Pigem)을 포함해 RCR아르끼펙또스의 공동대표 3인이 수상하면서, 여성 수상자가 3명으로 늘었다

2013년 봄, 건축상과 여성의 간극은 일반 대중의 문제의식으로 퍼졌다. 시작은 스콧 브라운의 인터뷰 녹화 영상이 공개된 3월이었다. 스콧 브라운은 프리츠커상에 관한 질문에 대해 상을 규정하는 건축업계의 구시대적 기준이 문제라고 비판했다. 여든한 살의 건축가는 수상에서 배제된 지 20여 년이 흘러서야 속죄를 요구하는 작은 행동을 보였다. 스콧 브라운은 "나에게 프리츠커상을 빚졌다는 것이 아니라 나를 포

함하는 절차를 빚진 것이다. 공동 작업이라는 개념에 경의를 표해야 한다."라고 말했다. 《아키텍츠 저널》의 부편집장 로리 올자이토Rory Olcayto도 큰 소리를 냈다. "1991년 수상자는 두 명이어야 했는데 한 명뿐이었다. 프리츠커상은 과거의 실수를 인정할 용기가 있을까?"[16]

하버드 건축대학원 학생이었던 아리엘 애술린–리히텐Arielle Assouline-Lichten과 캐럴라인 제임스Caroline James는 이 문제를 널리 알리기로 했다. 3월 말 두 사람은 1991년 수상에서 가치를 인정받은 스콧 브라운의 공로를 인정하라고 요구하는 온라인 청원을 올렸다. 청원은 전 세계 수백만 명의 회원이 있는 소셜 액션 플랫폼인 체인지에서 진행되었다. 즉각 스콧 브라운을 향한 지지가 쏟아졌고 시간이 지날수록 서명에 동참하는 사람이 증가했다. 5월 말쯤에는 1만 2000여 명이 동참했고 그중에는 이 상황을 "치욕스러운 부당함"이라 평한 렘 콜하스Rem Koolhaas, "데니즈 스콧 브라운은 나의 영감의 원천이며 나와 동등한 동업자"라고 말한 로버트 벤투리, 그리고 자하 하디드를 비롯한 프리츠커상 수상자 9명도 있었다.[17] 《뉴욕타임스》와 CNN 등 주요 언론에서도 이 청원에 이목을 집중했다. 가중되는 압박을 느낀 프리츠커상 위원회의 위원장 마사 손Martha Thorne은 운영 중인 심사위원단에 청원을 검토하게 했다.[18]

이에 대한 언론의 관심은 인터넷의 익명성에 숨어 나오는 부정적이며 적대적인 반응을 불러일으키기도 했다. 온라인 잡지《디진 매거진Dezeen Magazine》에 실린 관련 기사에는 스콧 브라운을 과한 욕심을 부리는 아나나 감사할 줄 모르는 못된 여자로 표현하며 비방하는 댓글들이 달렸다. "그냥 상을 달라고 할 줄은 몰랐다."라는 댓글을 쓴 Colonel Pancake는 1988년 수상자인 고든 번섀프트Gordon Bunshaft가 바로 그렇게 위원장에게 요청해 스스로 후보에 올려놓았다는 사실을 모르는 게 분명했다.[19] 스콧 브라운의 이름도 회사 간판에 올라가 있으니 업적을 인정해야 한다는 지지자들의 주장에 Salvatore는 이런 댓글을 남겼다. "남편이 올려줬으니 간판에 이름이 있는 것이다! 남편이 그 대가로 무엇을 얻었는지는 우리가 모두 알지 않나. 그녀는 남편이 없었다면 프리츠커상을 받을 수준이 안되는 수천, 수만 명의 다른 건축가들과 같았을 것이다." 시간이 한참 지난 후에야 "난리를 치는" 스콧 브라운의 행동을 비난하는 이들도 있었는데 Frank는 "로버트 벤투리가 은퇴하고 조용해지니 이제야 이야기를 꺼내는 것 같다."고 말했다.[20]

2013년도 프리츠커상 심사위원장이었던 피터 팔룸보Peter Palumbo는 6월, 아리엘 애슐린과 제임스에게 과거의 심사위원단이 내린 결정을 "재고"할 수 없으며 스콧 브라운의 업적을 소급 인정하는 일은 없을 거라는 글을 써 보냈다. 하지만 그는 "건축 작품에 대한 어떤 의견이나 논쟁은 특정한 시대와 장소의 영향을 받곤 하며 창작의 과정에서 여성의 역할을 과소평가하는 문화적 편견도 영향을 받았을 수 있다."는 사실을 인정했다. 그러나 이 조심스럽게 쓴 글이 1991년 심사위원단의 잘못을 인정한 것이라 해도 보상에 대한 어떤 제안도 없었다. 그 대신 팔룸보는 스콧 브라운이 지금도 업적을 쌓아가고 있다는 언급을 통해 다른 건축가들과 마찬가지로 프리츠커상의 수상 후보가 될 수 있다는 사실을 드러냈다.[21]

청원이 거부되었지만 1만 8000여 명의 동의로 힘을 얻은 아리엘 애슐린과 제임스는 "기록을 바로 세우고자 하는" 결심을 이어갔다. 두 사람은 "편견을 제대로 판단하는 올바른 태도를 취해야 이처럼 부당한 일이 다시 발생하지 않을 것"이라며 프리츠커상 위원회가 수상 관행을 엄격하게 감독할 책임이 있음을 강조했다.[22] 한편 팔룸보의 부인하는 듯한 어조와 유의미한 대화를 회피하려는 태도에 분노한 이들은 프리츠커상 수상자들에게 수상 수락을 취소할 것을 요청했다.[23] 이미 많은 이들이 프리츠커상의 영광이 회복할 수 없을 만큼 퇴색했다고 느끼고 있었다. 컬럼비아 네트워크 아키텍처 연구소Columbia University's Network Architecture Lab 소장인 카지스 바넬리스Kazys Varnelis는 한발 더 나아가 "제대로 된 양심을 갖고 있다면 프리츠커상이 건축업계에 악영향을 미치고 있다고 생각할 수밖에 없다."라고 말했다.[24]

비록 스콧 브라운이 배제되었다는 사실은 변하지 않았지만, 이 청원과 청원이 초래한 논쟁은 의미 있었다. 주요 언론의

데니즈 스콧 브라운 (Columbia GSAPP, 2012)

관심이 집중되면서 업계 내 고위직 여성들마저 늘 겪어온 뿌리 깊은 성차별의 다양한 행태에 대한 인식이 높아졌다. 또한 여성 롤 모델이 극히 부족한 업계에서 "스콧 브라운은 건축과 기획, 이론에서 이룬 혁명적인 업적뿐 아니라 마땅히 인정받아야 했던 공로를 인정받고자 하는 끈기와 솔직한 주장을 보여주며 롤 모델이 되었다."[25] 더 넓은 범위에서는 이 청원을 통해 공동 작업을 많이 하는 건축계의 관행을 고찰하게 되었고, 여성뿐 아니라 구시대적인 스타 플레이어에게 쏟아지는 관심 때문에 빛을 발하지 못했던 수많은 공동 작업자들의 가치를 인정해주어야 한다는 목소리가 커졌다. 건축상을 수여하는 단체들이 협업의 가치를 인정하는 아카데미상

과 같은 접근법을 취해야 한다는 의견도 있다.[26] 미국건축가
협회는 여론과 회원들의 요청에 따라 최고 영예인 골드 메
달Gold Medal 수상 후보에 공동 대표가 함께 올라갈 수 있도
록 투표를 통해 선정 방식을 변경했다.[27] 이로써 벤투리와 스
콧 브라운은 함께 지원할 수 있게 되었다. 그전까지는 두 사
람이 수차례 공동 지원했으나 거부당했고 벤투리는 단독으
로 수상 후보가 되는 일을 받아들이지 않았다.[28] 마침내 청원
이 스콧 브라운을 위해 무언가 이루어낸 순간이었다. "청원
과 그에 대한 이야기에 귀 기울인 모든 사람의 마음이 내가
받은 프리츠커상이 아닌가 싶다. 더는 전처럼 마음이 아프지
않다."[29]

프리츠커상 논쟁은 이제껏 다루지 않았던 또 다른 문제, 건
축상의 중요성에 대해서도 주의를 집중시켰다. 20세기, 특
히 20세기 말 여러 건축상이 생겨났지만 상이 어떤 긍정적
인 영향을 미치는지에 대한 충분한 논의는 이루어지지 않았
다. 19세기에는 건축을 공부하는 학생이나 업계에서 활동
하는 건축가들이 열망하는 상이 얼마 없었다. 그중 하나는
1720년부터 프랑스 로열 건축 아카데미French Royal Academy
of Architecture에서 수여한 로마 대상Prix de Rome으로, 수상자
는 수년간 로마에서 공부하며 아카데미의 교육 프로그램을
기반으로 고전 전통에 대한 지식을 풍부하게 향상할 수 있었
다. 수상이 중단된 1968년까지 248년 동안 여성 수상자는 없
었다. 오늘날 위키피디아에서 건축상을 검색해보면 언뜻 보

아도 수십 개의 상이 있으며 그중 일부는 프리츠커상보다도 많은 상금을 준다. 프리츠커 가문이 설립한 하얏트 재단은 세계적인 호텔 체인을 소유했지만, 1979년 프리츠커상 수여를 시작한 이래로 상금 액수를 늘리지 않고 유지했다. 베벌리 윌리스가 지적했듯 프리츠커상의 모델인 노벨상의 상금과 전혀 유사하지 않은 액수다.[30] 스콧 브라운 논쟁이 진행되는 동안 많은 사람은 돈을 떠나 이러한 상의 의미가 무엇인지 의문을 제기했다. 이제 한물간 영광 아닐까? 프리츠커상이 뭐 중요한 건가?

개인의 경력 개발이라는 측면에서 봤을 때 수상은 대중의 엄청난 인정으로 이어진다. 알렉산드라 랭Alexandra Lange이 말했듯 왕 슈는 2012년 프리츠커상을 받은 후《타임Time》선정 '세계에서 가장 영향력 있는 100인'에 선정되었고, 수상에서 배제된 그의 아내는 언급조차 되지 않았다.[31] 또한 수상 사실이 실력의 증거처럼 여겨져서 중요 프로젝트를 맡을 확률이 높아진다.[32] 자하 하디드는 프리츠커상이 "사람들의 태도를 달라지게 하죠. 상을 받은 회사라면 믿고 일을 맡겨요."라고 말했다. 기이하고 난해하다는 비난을 받던 하디드의 디자인에 대한 평가는 수상 이후 달라졌고 새로운 고객이 줄을 이었다. 수익성 좋은 상업 건축 계약 제안이 쏟아졌고 많은 이들이 원하는 공공 건축 작업도 맡을 수 있었다. "세계 일류" 건축가의 자리에 오른다는 것은 이러한 프로젝트의 책임자로 고려될 만한 거물이 된다는 것을 의미했다.[33]

이런 점에서 상은 중요한 것이 맞고, 여성 수상자가 극히 적다는 사실은 실제로 명백하게 여성이 배제되었다는 점을 확인시켜준다. 이름난 여러 건축상 가운데 프리츠커상에만 책임이 있는 것은 아니다. 일생의 업적을 기리기 위해 수여되는 영국왕립건축협회의 로열 골드 메달Royal Gold Medal은 수상을 시작한 1848년부터 지금까지 단 3번 여성에게 수여되었으며 모두 남성 동업자와의 공동 수상이었다.원서의 집필 시기는 2015년으로, 이후 2016년에 자하 하디드가 단독으로 수상했다 1907년부터 시작된 미국건축가협회의 골드 메달은 단 한 번도 여성에게 수여된 적이 없다가 2014년, 사후 50년 만에 줄리아 모건Julia Morgan에게 수여되었다.[34] 건축계와 언론계, 정계에서 여성들이 조직적으로 운동한 결과였다. 프리츠커상과 영국왕립건축협회의 로열 골드 메달, 미국건축가협회의 골드 메달을 모두 합해 현재까지 281명의 수상자 중 여성은 겨우 6명, 2%에 불과하다.2016년 로열 골드 메달 자하 하디드, 2017년 프리츠커상 까르메 피젬을 포함하면 8명이다

수상이 개인에게 얼마나 큰 혜택인지는 알겠지만 건축업계 전체에는 어떤 긍정적인 영향이 있는지 의문이 들 수 있다. 프리츠커상 위원회의 위원장이었던 빌 레이시Bill Lacy는 상이 건축계를 알리는 데 중요한 역할을 한다고 주장했다. "유명 인사를 만들어내는 일종의 홍보 수단처럼 보일 수 있겠지만 아직은 건축계를 더 많이 알려야 할 필요가 있다. 현재 수준의 홍보는 업계에 긍정적인 역할을 한다고 본다."[35] 그의

주장에 반대하는 이들은 "위대한 남성" 신화를 지속하는 일은 업계 이미지를 망치는 일이라고 반론했다. 기자로 활동하는 마크 올던 브랜치Mark Alden Branch는 "진정 바라는 건축업계의 이미지가 세계적인 유명 인사들이 개인 업적을 쌓아가는 모습뿐인가?"라고 물었다. 더 나아가 건축적 형태만을 강조하는 수상 기준은 건축의 정의를 축소한다. 브랜치는 기술과 환경, 사회정의에 대한 건축적 기여를 인정받아 건축상을 수상한 경우가 거의 없다는 점을 지적했다.[36] 일부는 업계 구성원의 변화와 새로운 가치를 따라가지 못하는 엘리트 심사위원들에게 비난의 화살을 돌리기도 했다. 이러한 이유로 2014년 프리츠커상이 인도주의적 건축을 하는 반 시게루Ban Shigeru에게 수여되자 언론에서는 "중대한 변화"이며 스콧 브라운 청원이 변화를 일으켰다고 보도했다. 네드 크래머Ned Cramer는 잡지 《아키텍트Architect》에서 물론 반 시게루는 수상 자격이 충분하지만, 그를 수상자로 선정한 위원회의 결정은 변화된 모습으로 프리츠커상의 명예를 회복하고자 하는 "정치적 은폐를 위한 계산된 책략"일 수 있다고 지적했다.[37]

변화하는 업계 관행과 이상을 반영한 위대한 건축상 탄생을 기대하며, 건축계에 기여한 여성이나 업계 내 성평등 문화 정착에 기여한 사람에게 주는 새로운 형태의 상을 만든 단체도 여럿 있다. 여성을 배제하는 길고 긴 역사 속에서 좌절감을 견디다 못해 여성 중심의 상을 늘려가고 있는 다른 업계의 움직임에 건축계도 동참한 것이었다. 예를 들어 문학계에서는 1991년 부커상Booker Prize 후보 명단에 단 한 명의 여성도 포함되지 않자 오렌지 문학상Orange Prize이라고 불리기도 하는 베일리스 여성 문학상Baileys Women's Prize for Fiction을 만들었다.[38] 이와 같은 움직임은 전 세계 건축계로 빠르게 확산되어 지난 몇 년 동안 미국의 《아키텍처럴 레코드》, UC 버클리 환경 디자인 대학교, 베벌리 윌리스 건축 재단, 영국의 《아키텍츠 저널》, 이탈리아의 이탈체멘티Italcementi 그룹, 이라크의 타마유즈 대상Tamayouz Excellence Award에서 새로운 상을 마련했다.[39] 모두 여성 건축가의 창조적 능력을 기리고 그들의 인지도를 올려 성차별에 맞서며 업계 내 롤 모델을 만들고 싶다는 목표를 공유했다. 또한 사회적 차원에서 공익에 크게 기여한 업적의 가치를 높게 평가했다. 따라서 남성도 수상 가능한 버클리–럽 건축상Berkeley-Rupp Prize은 "건축계의 성평등 발전에 큰 역할을 하거나 건축 공동체와 업계의 지속 가능성에 기여한 뛰어난 건축가 또는 건축학자"에게 수여된다.[40] 프리츠커상의 상금과 동일하게 10만 달러를 수여하는 버클리–럽 건축상을 포함해 새로 생겨난 건축상 중에는 상금 액수가 상당한 것들도 있어 수상의 가치를 높이는 한편 엘리트적 구시대 건축상의 위신을 떨어뜨렸다.

여성을 중심에 두는 건축상이 생겨나면서 상을 성별로 구분하는 방식에 대한 의문이 제기되었다. 캐런 번스Karen Burns는 성차별주의에 맞서기 위해 만들어진 여성을 위한 건축상이 반대로 성차별을 하고 있는 것은 아닌지, 개인의 업적에 초점을 맞추면 결국 스타 만들기 관행이 되풀이되는 것은 아닌지 질문을 던졌다. 번스는 "문제와 해결책의 구분이 모호해졌다."라고 현 상황을 평가했다. 하지만 여성 건축상의 도입이 특히 "보상 시스템이 어떻게 작동하고 누가 보상을 받는지"에 대한 주의를 환기하고 관련 논의를 활발하게 하는 "자극적인 정치적 움직임"이 되었다고 보았다. 또한 새로운 상의 도입으로 여러 수상자가 공로에 대한 지지와 대중적 인정을 받을 수 있었다.[41]

10년 전 건축계의 여성들은 여성 건축상의 도입을 크게 환영하지 않았다. 지금도 '여성 건축가'라는 명칭에 반대하는 이들이 많다. 하지만 최근 업계 내 성차별에 대한 솔직한 논의가 활발해지면서 연대의 의미가 새롭게 성립되고 여성 연대의 자부심 또한 성장하고 있다. 2012년 자하 하디드는 "여성 건축가의 지위 향상에 기여한 뛰어난 공로"를 인정받아《아키텍츠 저널》의 제인 드루 상Jane Drew Prize을 수상했다. 심사위원들은 하디드가 유리 천장을 깨뜨리는 데 그 누구보다도 큰 공헌을 했다고 설명했다.[42] 하디드는 수상 후 CNN과 진행한 인터뷰에서 이렇게 말했다. "여성 건축가라고 불리는 걸 좋아하지 않았어요. 저는 '여성' 건축가가 아니라 그냥 건축가니까요. 남자들은 제 머리를 두드리며 '여자치고 잘하네.' 말하곤 했죠. 이제는 다른 여성들에게 이 모든 게 가능한 일이라는 사실을 보여줘야 한다는 필요성을 크게 느끼고 있기 때문에 신경 쓰지 않아요."[43]

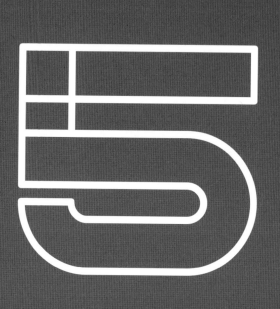

여성 건축가가 사라지지 않도록:
역사와 위키피디아를 마주하며

역사는 단순한 성과의 기록이 아니다. 의도를 가진 사람들이 기록하거나 아예 기록하지 않거나 기록을 수정하며 쌓아온 과거의 이야기다. 역사는 반복된다. 3500년 전 이집트의 왕 투트모세 3세Thutmose III는 오랫동안 섭정하며 실권을 장악해온 하트셉수트Hatshepsut 여왕이 죽자 말 그대로 여왕의 흔적을 지워버리려 했다. 그는 이집트의 성왕 중 하나로 많은 건축물을 남긴 하트셉수트의 이름을 파내고 그림을 긁어냈다. 왕위를 노리는 세력들로부터 아들 아멘호테프 2세Amenhotep II를 지키기 위해서였다. 이어 왕위에 오른 아멘호테프 2세는 이 상황을 이용해 하트셉수트의 이름이 지워진 건축물을 자기가 세웠다고 주장하며 업적을 부풀렸다.[1] 여러 세기가 지난 후 이처럼 흔적을 지워버리는 행위는, 사람들에게 기억되지 못하도록 모든 기록을 삭제하는 고대 로마의 형벌 담나티오 메모리아이damnation memoriae로 알려지게 되었다. 이는 로마 원로원에서 반역자와 독재자에게만 선고하는 극히 불명예스러운 형벌이었다. 그런데 오늘날 현대 건축 역사 속 여성 건축가들이 처해 있는 상황이 담나티오 메모리아이와 다르지 않다.

역사 속에서 여성 건축가가 사라진 이유는 다양하고 복잡하다. 최근까지도 역사학자들은 20세기 중반까지 여성 건축가가 없었다고 여겼고, 굳이 찾아보려 하지도 않았다. 여성의 업적 수집에 관심이 없던 기록보관소나 도서관, 협회를 중심으로 과거 연구가 이루어졌다는 사실을 고려해보면 자료 속에서 우연이라도 여성 건축가를 접할 일이 없었으리라 추측할 수 있다. 불가리아 건축가 밀카 브리즈나코프Milka Bliznakov는 1세대 여성 건축가에 대한 자료가 막대하게 유실된 것에 안타까움을 크게 느끼고 1985년 블랙스버그 버지니아 공과대학교에 국제 여성 건축가 기록보관소International Archive of Women in Architecture, IAWA를 세웠다.[2] 그전까지는 여성 건축가에 대한 자료를 원하는 기록보관소가 거의 없었고 그렇게 1세대 여성들이 세상을 떠난 후 수십 년 동안의 스케치와 설계도, 기록들이 모두 쓰레기통으로 버려졌다. 그 결과 이들의 업적과 생애를 알아보기 위해서는 건축가들이 전통적으로 활용해온 기록물의 빈틈을 메워가며 창의적이고 종합적으로 자료를 활용해야만 하는 상황이 되었다.

여성 건축가를 기록에서 배제하는 행위는 건축 역사를 기록하는 방식 자체에 고착화되어 있다. 오래전부터 주로 이용된 모노그래프 형식의 기록은 영웅적인 "천재"에 대한 찬사로 이어졌고, 천재는 거의 예외 없이 대담함, 독립성, 강인함, 박력 등 서양 문화권에서 전형적인 남성이라 여길 만한 특징을 지닌 이들이었다. 또한 모노그래프는 한 건축가를 이끌어준 "스승"부터 그의 뒤를 따르는 전도유망한 후배까지 줄을 세워 "위대한 건축가"의 혈통을 보여주는 일종의 가계도로 여겨진다.[3] 다른 형식의 이야기를 하고자 하는 이들에게 모노그래프 형식은 학문적 족쇄와 같았고 특히 여성의 삶과 경력은 기존의 양상과 딱 들어맞지 않아 더 쉽지 않은 일이었다.[4]

여성 건축가의 역사 초기에 모노그래프 형식을 이용해 "위대한" 여성 건축가의 기반을 구축하려는 시도가 일부 있었으나 최고의 건축은 독립적인 개인이 만들어낸다는 기존 개념에는 도전하지 못했다. 지난 20년 동안 사회학에 기반을 둔 더욱더 넓은 범위의 역사에 관심을 가진 학자들이 등장해 모노그래프의 제한적 형식에서 많이 벗어난 것은 사실이다. 하지만 모노그래프 형식은 여전히 우세하며 스타 만들기 관행에 중요한 역할을 하고 있다. 역사 속 위대한 건축가들 사이에서 자신의 자리를 확고히 하고자 하는 유망한 건축가들은 자신의 모노그래프를 쓰거나 의뢰를 맡기기도 하는데 그 글에서 자기 비판적 태도는 찾아보기 어렵다.5

모노그래프 형식은 독립적인 영웅 한 사람의 업적을 강조한다. 팀으로 일하면 영광이 퇴색된다 여겨 공동 작업에 대한 기록을 피했는데, 이는 여성 건축가를 기록에서 배제하는 데 상당한 영향을 미쳤다. 사회적·개인적 이유로 인해 여성은 배우자이면서 공동 대표인 남성과 함께 공동 작업을 하는 경우가 대부분이었기 때문이다.6 데니즈 스콧 브라운의 경우에도 로버트 벤투리와 공동 작업을 했으나, 1991년 프리츠커상 위원회는 벤투리의 단독 수상을 결정했다. 이로 인해 4장에서 살펴보았듯 수상 기록을 바로잡을 것을 요구하는 국제적인 청원이 22년 후 진행되기도 했다. 이 안타까운 사례는 스타 건축가 증후군star architect disorder, SAD에서 헤어나지 못하는 건축업계가 역사 속에서 여성들을 어떻게 배제해왔는지 보여주는 중요하면서도 전혀 드물지 않은 예이다.

스콧 브라운의 사례는 단순히 논쟁이 컸기 때문에 중요한 것이 아니다. 심사위원단이 사실상 그 주장을 봉쇄하는 결정을 내리기 한참 전부터, 그녀가 자신의 배제에 대해 당당히 비판함으로써 건축계의 성차별적 스타 만들기 관행에 이목을 집중시켰기 때문이다.[7] 하지만 여성 건축가가 자신의 공로 인정을 공개적으로 요구하고 그 증거가 명확하더라도 대부분의 역사학자와 심사위원단은 영웅의 단독 업적을 우상화하는 관행에 따라 이들의 요구를 무시했다. 끌과 정을 들고 직접 이름을 긁어낸 투트모세 3세와 다를 바 없이, 펜을 들고 여성 건축가들의 이름을 지워낸 것이다.

사실 여성들이 스스로 존재를 감춘 측면도 있다. 남성 건축가들은 자신의 업적을 지키기 위해 기록을 남기고 모형과 도면 등의 작품을 문제없이 보존하기 위해 망설임 없이 적극적으로 행동했다. 그러나 자기 홍보가 여성으로서 매력적인 자질이 아니라고 배워온 여성들은 소리 내어 자신의 이야기를 하는 데 크게 노력하지 않았다. 기성세대 여성 건축가 중에는 남편에게 모든 이목이 쏠리도록 보이지 않는 곳에서 공동 작업에 힘쓴 이들도 있다. 나는 20년 전에 한 여성 건축가를 온종일 인터뷰한 적이 있다. 1948년부터 1978년까지 활동한 그녀는 갓 졸업한 젊은 건축가였던 첫 6년 동안 나이 차이가 많이 나는 남편과 함께 일했고, 1954년에 남편이 죽은 이후에는 단독으로 경력을 쌓아왔다. 하지만 그 여성 건축가는 본인 작업에 대한 질문을 받을 때마다 남편의 업적으로 화제를 돌렸다. 오전 내내 남편 이야기를 경청하던 내가 당신의 업적에 대해서도 듣고 싶다고 말했지만, 그녀는 결혼 전 스승이었던 남편을 통해서만 자신을 이해할 수 있다고 답하며 남은 오후에도 줄곧 남편 이야기를 했고 남편을 위한 책을 출간할 계획이라고 했다. 자신의 업적에 대한 이야기는 조금도 하지 않았다. 여성 건축가를 보이지 않는 곳에서 구해내겠다고 결심했던 순진한 대학원생이 처음으로 절망한 순간이었다.

하지만 이러한 어려움 속에서도 수십 년 동안 여성 건축가에 대한 책과 기사가 놀라울 만큼 증가했다. 기록의 증가는 모노그래프 형식에서 탈피하도록 도우며, 새로운 서술 방식과 정보망을 도입한 인류학, 철학 등 다른 분야와의 교류를 활발하게 한다. 이러한 변화를 통해 더 많은 기록이 만들어질 수 있다. 기록을 통해 여성 건축가의 역사에 대한 접근성이 증가한 것은 사실이지만 실제로 체감하기에는 여전히 부족하다. 아직 건축학과 학생들이 1970년 이전에 활동한 여성 건축가의 이름을 단 한 번도 들어보지 못하고 학위를 마치는 일이 일반적이다. 세계적으로 유명한 스타 건축가들의 멋진 모노그래프로 건축 분야 서가를 가득 채운 대형 서점에 가도 여성 건축가의 책 한 권 찾기 힘들다. 여성의 경력과 업적에 관심이 없던 주요 박물관에서는 지금도 여성 건축가의 작품을 전시하는 일이 거의 없다. 즉, 역사의 생산과 보급 사이에는 간극이 존재한다. 책과 기사만으로는 여성 건축가를 분명히 인지하는 데 충분한 인상을 남기지 못했다.

하지만 글에 담긴 것들을 대중이 널리 인지하도록 바꾸어놓을 수 있다. 인터넷은 문화 기록이 생성되고 보존되는 가장 주요한 공간이 되어가고 있는데, 중요성이 계속 증가하는 디지털 역사 속에 여성 건축가의 존재가 확실히 자리 잡도록 할 방법이 있다. 온라인상 정보가 부족하면 젊은 세대 입장에서는 아주 최근까지도 여성들이 건축계에 기여한 바가 전혀 없다고 생각할 위험성도 있다. 특히 세계적으로 접속자가 가장 많은 웹사이트, 이용자들의 협업으로 구성되는 무료 온라인 백과사전 위키피디아의 등재 정보 부족이 걱정스럽다. 하지만 여성 건축가의 정보만 결핍된 것은 아니다. 위키피디아 이용자 중 절반이 여성이지만 여성 편집자의 비율은 매우 낮다. 2010년에는 13%, 2012년에는 9%로 떨어졌다. 편집자의 성별 격차는 자연스럽게 내용의 성별 격차로 반영된다. 남성 편집자들은 자신에게 친숙하고 흥미로운 주제에 집중하기 마련이다.[8] 당시 위키미디어 재단의 이사장이었던 수 가드너Sue Gardner는 여성을 거부하는 웹사이트의 문화적 분위기를 인정하며 여성 편집자의 수를 늘리겠다고 약속했다.[9] 여성의 역사에 대한 새로운 정보를 올리는 여성 편집자들은 정보의 출처와 주제의 중요성을 문제 삼고 해당 정보를 빠르게 '삭제 토론'으로 넘겨버리는 남성 편집자들과 매번 부딪

여성들에게 위키피디아 편집 활동을 독려하는 포스터
(Wikimedia Commons, 2012)

처야 했다. 2012년 3월 뛰어난 여성 과학자들의 정보를 위키
피디아에 추가하기 위해 스미스소니언 기록보관소에서 열렸
던 '그녀는 어려운 말로 나를 혼란스럽게 해She Blinded Me with
Science'라는 제목의 에디터톤edit-a-thon, 편집과 마라톤의 합성어로, 위
키피디아 사용자들이 오프라인 공간에 모여 특정한 주제나 종류의 문서를 편집하거나 향
상시키는 행사에서 올린 정보들은 올리자마자 바로 삭제 토론 안
건으로 넘어갔다.[10]

나도 2013년 테클라 실트Thekla Schild에 대한 정보를 독일 위
키피디아 사이트에 등재하는 과정을 지켜보며 이러한 편집

방해를 직접 목격했다. 나는 논문 연구 과정에서 실트에 대해 알게 되었고, 제1차 세계대전이 있기도 전에 카를스루에 Karlsruhe 공과대학교 건축 프로그램에 첫 번째 여성 입학자가 된 실트의 공로에 대해 글을 쓰기도 했다.[11] 독일에서 두 번째로 건축 학위를 딴 여성인 실트가 해당 프로그램의 입학 장벽을 무너뜨린 것도 대단하지만 모든 경험을 회고록으로 남겼다는 점에 주목해야 한다. 여성이 교육에 통합되기 시작한 시기의 실제적인 기록은 어떤 업계에서도 흔치 않으며 건축계에서는 특히 더 그러하다. 실트의 기록이 출간되지는 않았지만 그 기록을 보면 100여 년 전 건축 교육이 어떻게 이루어졌으며 당시 사회가 건축가의 지위를 어떻게 평가하고 있었는지 알 수 있다.[12]

관심을 두고 있던 주제였기에 2013년 3월 30일 이른 아침 CMdibev라는 아이디를 사용하는 편집자가 등재한 실트에 관한 간략한 정보를 바로 발견했다. 활동한 지 얼마 되지 않은 이 편집자는 3월 동안 여성 건축가를 포함해 역사적인 업적을 세운 여성 인물들의 정보를 수차례 올리고 있었다. 하지만 실트에 대한 정보가 처음 등재된 지 30분 만에 2008년부터 활동한 남성 편집자인 Der Krommodore가 나타나 새로 등재된 정보에 일반적으로 적용되는 7일의 유예 기간도 없이 해당 정보를 즉각 삭제 대상으로 표시했다. 물론 성급하게 작성된 정보였고 정보가 불충분했으며 일리 있는 비판도 있었다. 하지만 두 문장이 내 눈을 사로잡았고 나는 분노했다.

그는 첫째로 실트의 업적이 위키피디아에 등재되기에는 충분하지 않다고 비판했고, 둘째로 실트가 실존 인물이었는지까지 의심했다. 20년 동안 여성 건축가에 대한 글을 쓰면서 이 주제를 멸시하는 수많은 사람을 마주했지만 주제 자체의 실존 여부를 부인하는 사람은 없었다. 언어학과 군주제에 관심이 있고 시가를 피우고 코냑을 마시는 불면증 환자라고 자신을 설명하는 이 편집자는 구글에서 실트를 검색했을 때 아무것도 나오지 않았으므로 실트가 실존 인물이 아니라고 추정했다. 결국 또 다른 편집자가 나타나 정보를 보충할 시간을 주라고 요청했지만 CMdibev는 등재를 포기한 듯 보였다. 몇 주가 지나 위키피디아에서 추진하는 일종의 협력 작업을 진행하는 편집자들이 상세 정보를 추가하여 실트가 온라인 세상에 자리할 수 있게 지켜냈다.

지금까지도 실트의 존재가 그토록 쉽게 사라질 수 있었다는 사실이 놀랍다. 바로 이런 이유로 온라인상에 과거 여성 건축가들의 존재를 남기는 일을 중요하게 여겨야 한다. 디지털 역사의 지지자인 젊은 학자 미아 리지Mia Ridge는 검색 엔진이 세상의 개념을 만들어가고 있다고 주장한다. 역사학자들이 수십 년 동안 기록을 뒤져 연구 조사한 결과를 전문 저널에 싣는다고 해도 그 업적을 온라인에서 접할 수 없다면, 정확히 말해 온라인에서 무료로 찾아볼 수 없다면 학계 밖에서는 존재하지 않는 업적일 뿐이다. 리지는 이 모순을 간단히 정리했다. "구글 검색 결과에 나오지 않으면 존재하지 않는 것이다."[13] 구글에서 검색 결과를 보여줄 때 보통 위키피디아가 가장 상위에 뜬다. 따라서 온라인 세상에서의 분명한 존재감 구축을 위해서는 위키피디아 정보 등재에 적극적으로 참여해야 한다.

위키피디아처럼 이용자의 참여로 만들어지고 무료로 운영되는 베벌리 윌리스 건축 재단의 미국 여성 건축가 디지털 기록보관소와 비교해보면 위키피디아에 얼마나 많은 정보와 역사가 누락되어 있는지 명백히 알 수 있다. 이 다이내믹 내셔널 아카이브Dynamic National Archive, DNA에는 전체 50개 주의 여성 건축가 1100명의 정보가 등록되어 있으며 그 수는 계속 증가하고 있다.[14] 반면 위키피디아의 '여성 건축가 명단'에는 일부 25개 주의 여성 건축가 114명만이 있으며 그중 36명, 3분의 1은 이름만 있을 뿐 정보가 전혀 없고 심지어 이름이 유사한 남성 건축가의 정보로 연결되는 경우도 있다.[15] 다이내믹 내셔널 아카이브에도 보완되어야 할 정보가 수없이 많다. 베벌리 윌리스 건축 재단은 위키피디아와 동일하게 이용자들의 집단 지성으로 데이터베이스를 구축하지만 추가적인 정보 등재와 편집을 위해 전문가에게 도움을 요청하기도 한다. 현재 재단에서는 미국 국립예술기금National Endowment for the Arts의 후원을 받아 '20세기 미국 건축계의 여성' 컬렉션을 만들어나가고 있다. 나를 포함한 50명의 학자가 위원회에서 선정한 여성 50명을 조사하고 정보를 등재하며 컬렉션을 구성하는 중이다. 베벌리 윌리스 건축 재단의 기록보관소가 위키피디아만큼 구글에서 상위에 검색되지는 않지만, 위키피디아에 등재된 미국 여성 건축가에 대한 정보 중 일부는 다이내믹 내셔널 아카이브를 출처로 삼고 있으며 이와 같은 정보 연동이 활발해지면 두 웹사이트 간의 트래픽도 증가할 것이다.

위키피디아의 '여성' 목록은 온라인상에서 여성에 대한 지식과 정보를 통합하고자 하는 본래의 목적을 해치고 있다. 2013년 4월 미국의 소설가 아만다 필리파키Amanda Filipacchi는 《뉴욕타임스》 기사에서 위키피디아 편집자들이 여성을 배제하기 위해 소리 없이 내용 범주를 재구성하고 있다고 밝혀 거센 논쟁에 불을 붙였다. "위키피디아에서 이상한 점을 발견했어요. 편집자들이 오랜 시간 동안, 천천히, 여성들을 알파벳 순서대로 한 명씩 '미국의 소설가' 범주에서 '미국의 여성 소설가' 하위범주로 여성들을 옮겨놓는 작업을 진행하고 있더군요." 필리파키는 '미국의 소설가' 범주를 남성으로만 채우려는 의도라고 말했다.[16] 이에 대해 조이스 캐럴 오츠 Joyce Carol Oates는 "남성 작가는 작가, 여성 작가는 여성 작가"라는 트위터를 남겼다. 며칠 후 교양 과학 작가 제임스 글릭 James Gleick은 《뉴욕타임스 북리뷰 New York Times Book Review》에 커져가는 논쟁을 소개하며 처음 생각했던 것보다 훨씬 광범위하고 심각한 문제라는 사실이 분명해지고 있다고 말했다. "위키피디아의 모든 범주에서 여성과 유색인종은 하위범주로만 분류된다. 마야 안젤루Maya Angelou는 아프리카계 미국인 작가이며 아프리카계 미국인 여성 시인이고 미국 여성 시인이지만, 미국의 시인이나 미국의 작가는 아니다."[17]

고대부터 현재까지를 포괄하는 위키피디아의 기본 '건축가 목록'에는 755명의 건축가가 포함되어 있다. 그중 남성은 726명인데, 여성은 29명뿐이다. 물론 남성 건축가가 여성에 비해 큰 비중을 차지하는 것은 사실이지만 이토록 심한 성별 불균등은 위키피디아 정보 편집에 누가 영향을 미쳤는지 보여준다. 업적이 크지 않고 유명하지 않은 남성 건축가들은 포함하는 반면 매리언 마호니 그리핀Marion Mahony Griffin(1871-1961), 일리노이주 최초의 여성 건축가로 50여 년 동안 미국과 오스트레일리아, 인도에서 뛰어난 업적을 남기며 선구자적 역할을 했다, 샤를로트 페리앙Charlotte Perriand(1903-1999), 프랑스의 건축가이자 가구 디자이너로 예술성과 실용성을 모두 갖춘 디자인을 선보이며 20세기 디자인의 모더니즘을 주도했다, 아일린 그레이 Eileen Gray(1878-1976), 아일랜드에서 태어나 프랑스를 기반으로 활동한 건축가이자 가구 디자이너로 모더니즘 가구 디자인의 선구자였다, 진 갱Jeanne Gang(1964-), 미국을 기반으로 활발히 활동하고 있는 건축가로 개인과 도시, 자연의 관계 속에서 생태계의 지속 가능성을 고려한 건축으로 업적을 쌓고 있다 등 뛰어난 업적을 세우고 큰 영향을 미친 여성 건축가들의 이름은 무의미하다고 생각한 누군가일 것이다. 또한 이 불균등에는 공동 작업이 아닌 개인 창작자의 업적에만 중점을 두는 건축계의 오랜 관행도 반영되어 있다. 20세기 건축가에 로버트 벤투리의 이름은 있지만 데니즈 스콧 브라운의 이름은 찾아볼 수 없다.[18]

필리파키의 글이 논쟁이 되자 많은 위키피디아 이용자는 '미국의 소설가' 범주와 뒤늦게 생겨난 '미국의 여성 소설가' 하위범주를 합쳐야 한다고 주장했다. 하지만 단순히 '건축가 목록'과 '여성 건축가 목록'을 합치는 것이 여성 부재 문제의 해결책이라고 생각하지는 않는다.[19] 미국 의회의 정치인부터 포천 500대 기업의 대표, TV 프로그램 〈더 프라이스 이즈 라이트 *The Price Is Right*〉에 등장하는 모델까지 위키피디아에는 수없이 많은 여성 목록이 있다. 이 모든 목록에 권력이 영향을 미쳤거나 의도가 개입된 것은 아니다. 하지만 건축가의 경우를 포함해 분명 짚고 넘어가야 할 부분이 있다. 여성의 공로가 제대로 알려지지 않은 상황에서 이러한 목록은 아무리 가볍게 만들어졌다 하더라도 존재와 업적을 명확하게 시각화하는 역할을 한다. 또한 필리파키는 "사람들은 누구를 고용하고, 무엇을 가치 있게 여기고, 무엇에 관해 읽을지 결정하기 위해 위키피디아에 들어가 정보를 얻는다."라고 말하며, 보통 그러하듯 처음 연결되는 기본 페이지에서 더 깊이 들어가지 않으면 여성이 배제되었다는 사실조차 절대 알 수 없다고 지적했다.[20] 그렇기 때문에 여성이 '여성 건축가 목록'에만 존재한다면 언제까지나 숨겨진 상태로 남을 것이다.

스콧 브라운 청원에 쏟아진 엄청난 관심은 주장에 동의하는 수많은 사람이 있다는 사실과 인터넷의 강력함을 보여줬을 뿐 아니라 여성의 업적을 감추는 상황이 계속되는 것에 대한 불만이 커지고 있음을 확인시켜주었다. 2013년 6월 나는

《플레이시스 저널*Places Journal*》에 여성 건축가가 역사 속에서 다시, 이번에는 디지털 역사 속에서 사라질 위험에 처했다는 글을 실었고 여성 건축가들의 행동을 촉구했다. 이 글이 계기가 되어 그해 말, 로스앤젤레스 기반의 온라인 예술 잡지인 《이스트 오브 보르네오*East of Borneo*》는 나의 글과 스콧 브라운 청원에서 자극을 받았다고 밝히며 위키피디아 여성 건축가 정보 등재를 위한 첫 에디터톤을 개최했다.[21] 2014년 5월 중순에는 캐럴라인 제임스와 함께 청원을 올렸던 아리엘 애슐린-리히텐이 소외된 건축 역사의 온라인 입지를 넓히기 위해 개최한 '디지털 인비지블스Digital Invisibles'의 일환으로 스토어프론트 포 아트 앤 아키텍처Storefront for Art and Architecture에서 위키피디아 에디터톤을 조직했다.[22] 청명한 날씨와 센트럴파크의 경치를 비롯해 즐길 거리가 많은 일요일 오후였음에도 불구하고 그곳에는 위키피디아 편집을 향한 열망이 가득했다.

개개인이 인터넷의 민주적 가치는 유지하면서 여성 건축가가 사라지지 않도록 하는 노력에 참여할 수 있다. 위키피디아의 사용법은 수많은 웹사이트에 정리되어 있다. 근거를 요구하면서 까다로운 검열을 하는 다른 편집자가 불편하다면 사용자 친화적인 다이내믹 내셔널 아카이브를 이용해도 좋다. 여성 건축가에 관한 책이나 글을 읽고 배운 바를 올리면 된다. 동료와 함께 노트북을 펴고 앉아서 에디터톤을 진행할 수 있고 선생님이라면 위키피디아 편집을 과제로 낼 수도 있다.

위키피디아 등 여러 온라인 데이터베이스에 정보를 추가하는 일은 넓은 범위의 대중, 특히 학생과 젊은 세대에게 여성이 건축업계에 기여한 바에 대한 정확한 개념을 전달할 기회이다. 또한 업계의 선구자를 비롯해 잊혔던 많은 인물을 다시 역사 속에 적어 넣는 보람도 느낄 수 있다. 이렇게 정보가 하나씩 증가하면 오랫동안 풍부하게 쌓여온 여성의 업적이 빛을 발하게 되고 결과적으로 교실과 박물관, 수상 심사에서 여성을 배제할 수 없게 될 것이다. 위키피디아의 수 가드너는 다음과 같이 말했다. "위키피디아가 진정한 '인간 지식의 총체'로 유지되려면 편집에 참여하는 이용자가 실제 인구만큼 다양해야 합니다. 그러기 위해서는 여러분 모두가 함께해야 하죠. 이 사실보다 더 중요한 건 없다고 생각합니다."[23]

맺는 글

뒤를 돌아보며 앞으로 나아가자

이 책을 쓰는 동안 강하고 빠르게 불어오는 변화의 바람을 느끼며 자전거를 타는 기분이었다. 건축업계가 "여성 문제"를 회피해온 지 한 세기가 지나고 있는 지금, 관심을 두고 찾기만 한다면 이제는 어디에서나 평등을 주제로 한 논의를 접할 수 있고 이러한 논의가 남녀 모두에게 영향을 미치는 문제라는 점도 이해되고 있다.

건축가 바비는 공장에서 나오자마자 바쁜 건축 여행을 떠났다. 몬트리올에 있는 버크민스터 풀러Buckminster Fuller의 측지선 돔이나 위스콘신 스프링 그린에 있는 프랭크 로이드 라이트의 탈리에신 등 건축 "대가"들의 대표적인 장소에서 바비를 볼 수 있었다. 버펄로 대학교 건축학과의 여학생들은 바비에게 기계 조립 공장 등 전통적으로 남성적 영역으로 여겨져 온 공간을 변형해 활용하고 있는 학교 시설을 소개해주었다.[1] 사진 속에서 포즈를 취하고 있거나 건축물을 유심히 살펴보는 바비는 소리 없이 여성의 지위를 높여가고 있었다. 그뿐만 아니라 더 넓은 범위의 대중에게 여성 건축가에 대한 인지도를 높여 최근에는 뚝딱뚝딱 밥아저씨Bob the Builder, 영국에서 제작한 애니메이션 시리즈로 주인공 밥은 건축가다와 건축가 바비가 핼러윈 파티의 새로운 커플로 등장하기도 했다.

2015년 세계 여성의 날인 3월 8일, 시민단체 아키텍스는 위키피디아에서 여성의 입지를 확장하고자 '위키드WikiD: 여성 위키피디아 디자인Women Wikipedia Design'이라는 이름으로 국제적인 위키피디아 에디터톤을 개최했다. 조직위원장 로리 브라운이 설명했듯 내가 2013년 《플레이시스 저널》에 실었던 여성들의 행동을 촉구하는 글의 연장선상에서 시작된 이 에디터톤은 한 차원 성장한 규모와 성과를 보여주었다.[2] 미국과 오스트레일리아, 독일, 캐나다, 아일랜드, 스페인, 포르투갈에서 워크숍이 열렸고 총 70개가 넘는 정보가 새로 등재되었다. 뉴욕에서 열린 워크숍을 감독했던 브라운은 많은 것을 배울 수 있는 워크숍이었다고 말했다. 자원봉사 학생들이 위키피디아에 등재한 정보를 다른 편집자가 몇 분 만에 토론 유예 기간도 없이 삭제하는 상황을 함께 지켜보기도 했는데, 5장에서 다룬 '그녀는 어려운 말로 나를 혼란스럽게 해'에 디터톤에서의 경험이 떠올랐다고 이야기했다. 웨스트코스트에서 위키드에 참여한 UC 버클리의 환경 디자인 기록보관소 Environmental Design Archives, EDA 직원도 수많은 이용자가 등재된 여성의 중요성이나 참고 자료 출처에 대해 제기하는 의문에 맞서야 했다고 말했다. 수차례 등재에 실패하고 마침내 페이지가 만들어져도 "실제적인 정보를 제공하지 않고 주관적인 태도로 주장을 펼친다."라는 식으로 반대 의견을 제시하는 이들이 있었다. EDA 소식지인 《트레이싱_Tracing_》의 직원은 동일하게 기록보관소의 자료를 바탕으로 남성 건축가 정보를 여러 차례 올렸지만 2년 동안 단 한 번도 여성 건축가 등재 과정에서 겪었던 반대가 없었다고 말했다.[3]

이러한 어려움에도 불구하고 모두가 함께한 위키드의 노력은 성과를 남겼고 건축업계 내 여러 블로거와 미디어의 관심을 집중적으로 받았다. 또한 정보를 만드는 이가 누구인지에 대한 인식 확대에 관심을 두는 새로운 위키피디아 편집자들이 생겨났으며, 결과적으로 건축 관련 주제의 성별 불균등을 바로잡는 데 긍정적인 영향을 줄 변화들이 발생했다. 에디터톤 2달 후 위키피디아 재단은 에디터톤의 미션을 인정한다고 밝히며 위키드 조직위원들이 장기적인 국제 협력 관계를 유지할 수 있도록 보조금을 전달했다. 여성 건축가와 건축계 성평등 이슈가 온라인에서 정확하고 분명하게 인지되도록 더 많은 여성이 위키피디아 편집자로 활동하는 것을 지원한다는 뜻이었다.[4]

온라인뿐 아니라 실제 오프라인에서도 여성 건축가의 지위를 논하는 자리가 많아졌고 문제를 이야기하고 해결책을 찾는, 물리적으로 실재하는 다른 성격의 단체가 만들어져야 한다는 필요성이 커졌다. 최근 뉴욕, 댈러스, 런던, 로스앤젤레스, 맨체스터, 샌프란시스코에서 열린 모든 여성 행사의 정원이 다 찼다는 것은 수요가 크다는 사실을 분명히 보여준다.[5]

여성운동의 정점에서 2014년 11월 샘 폭스 건축학교Sam Fox School of Architecture는 국가적 행사인 '건축계의 여성'의 40주년을 기념하는 심포지엄을 개최했다. 1974년에 선배들이 그러했듯 건축학과 여학생들이 행사를 조직했으며 첫 심포지엄에 참여했던 이들이 연사로 초청되어 건축계 성평등을 주제로 제2와 제3의 페미니즘 물결이 통합을 이루었다. 1974년 당시 대학원생으로 심포지엄 의장을 맡았던 해나 로스Hannah Roth는 비록 여성운동이 상당한 진보를 이루어왔지만 "미치도록 노력해도 완전히 사라지지 않는 교육 장벽과 장애물이 여전히 존재한다."라고 말했다. 2014년 심포지엄의 학부생 조직위원 그레이스 데이비스Grace Davis는 심포지엄에서 이루어진 교류를 "과거를 회고하는 동시에 미래를 생각하는 대화"라고 정리했고 구체적으로는 "1974년 이후로 어떤 변화가 있었으며 앞으로는 어떻게 나아가야 할까?"라는 질문에 대한 대화였다고 말했다. 그러나 참여한 연사와 청중 중 남성은 소수였고, 이 사실은 이 질문을 두고 커지는 우려를 분명히 보여주었다.[6]

2013년 스콧 브라운 청원에 국제적인 지지가 쏟아지긴 했지만 배타적인 건축상의 세계에 장기적으로 영향을 미치지는 못했다. 프리츠커상은 2010년 이후로 여성 수상자를 선정하지 않았다. 현재까지 40명의 수상자 중 여성은 단 2명이며 2017년 까르메 피젬을 포함하면 3명이다 남성 동업자 없이 단독으로 수여한 여성은 자하 하디드가 유일하다. 미국건축가협회의 골드 메달을 받은 여성은 줄리아 모건뿐이며 골드 메달은 아직 생존 여성에게 수여된 적이 없다. 스콧 브라운은 여전히 수상자 명단에 포함되기를 기다리고 있다.

변화의 바람은 역풍이 되기도 했다. 2015년 1월《아키텍츠 저널》에서는 편집자 본인도 "우울한" 결과임을 인정한 최신 '건축계의 여성' 설문조사 결과를 발표했다. 여전히 분명하긴 하지만 성별에 따른 임금 격차가 서서히 줄어들고 있다는 긍정적 결과도 있었다. 하지만 그와 동시에 성차별은 더욱 심각해졌다는 사실이 드러났다. 물론 성차별에 대한 인식 확대가 영향을 미쳤다는 점을 고려해야 하지만 건축업계에서 활동하며 성차별을 경험해본 적 있냐는 물음에 그렇다고 대답한 여성 응답자가 2011년 63%에서 2015년에는 75%로 증가했다. 저널에서는 여성들이 "심술궂은 조력자 또는 불쾌하고 거만한 작업 관리자"라는 고정관념에 맞서 싸우는 동시에 "건축 현장보다 사무실 내에서 성차별을 경험한 적이 많다고 답했다."는 점을 지적했다. 이어 조사 결과에서는 여성 건축가들이 회사 내 견고한 계층 구조를 극복하고 성공할 수 없을 거라는 패배감에 대형 건축 회사에서 일하는 걸 포기하고 있다는 사실이 드러났다. 즉, 여성 건축가의 경력 전략상 대형 회사를 선택하지 않아야 발전할 수 있다는 판단이 내려지는 듯했다. 그 결과 이목이 집중되고 명성에 도움이 되는 큰 프로젝트와 금전적 보상은 남성의 몫이 되었다. 에쿼티 바이 디자인에서 지적했듯 대기업의 평균 임금은 중소기업보다 훨씬 높다.[7] 여성들에게 오늘날의 건축계 진출을 권하겠느냐는 질문에 그렇다고 대답한 여성 응답자는 절반에 불과했다.[8]

《아키텍츠 저널》설문조사 응답자 1100명 중 20%를 차지한 남성들의 답변은 건축계의 성차별적 업무 환경에 대한 여성과 남성의 생각이 크게 다르다는 것을 보여주었다. 남학생 중 82%는 "건축계에서 남성에게 주어지는 기회와 동등한 기회가 여성에게도 주어진다."고 응답했다. 남성 응답자 중 3분의 1은 자신이 여성보다 높은 임금을 받는다는 사실을 강하게 부인했고, 5%만이 인정했으며 대부분은 이 질문에 대한 대답을 회피했다. 직장 내 급여 공개에 반대하는 여성은 48%, 남성은 62%로 여성보다 남성의 반대가 강한 것도 당연한 결과다.[9] 이처럼 남성 응답자와 여성 응답자가 전혀 다른 환경을 경험하고 있다는 부분적인 사실만으로도 연구와 출판, 워크숍, 심포지엄, 집회, 캠페인을 통해 업계 안에 견고하게 남아 있는 성차별에 대한 인식을 높여야 한다는 것을 분명히 확인할 수 있다. 더 많은 논의가 활발하게 이루어져야 하며 무엇보다 중요한 점은 논의에 참여하는 사람의 범위가 확장되어야 한다는 점이다. 그 어느 때보다도 건축계의 성 불평등에 대해 많은 이야기를 하고 있지만, 이 대화의 중심에서 활동하는 이들은 여전히 업계에서 대단히 적은 수라는 점을 기억해야 한다.

건축계가 평등한 기회를 보장하는 업계가 되기까지 앞으로 얼마나 먼 길을 가야 하는지 제대로 깨닫지 못하는 건 남성들만이 아니다. 건축학과 여학생들은 수업 과제로 오늘날 여성 건축가의 지위에 대한 조사를 진행하며 나에게 질문을 던지곤 한다. 본인은 물론 주변의 친구들도 차별을 경험해보지 않았기에 과거 여성들을 가로막았던 장벽은 이제 과거의 일이거나 최소한 "그렇게 심각하지는 않은 일"이라 생각한다. 나는 변화하는 지금의 상황들이 이들에게 미래에 대한 희망과 두려움을 동시에 느끼게 한다는 것을 이해하기에 배우고 대비하라고 조언한다. "나아가요. 그리고 경험해봐요."

감사의 글

이 책은 건축계가 바뀌어야 한다고 믿고 행동하기로 결정한 여성들이 수년간 지속해온 대화와 협력에서 시작되었다. 버지니아 공과대학교에 국제 여성 건축가 기록보관소를 세운 밀카 브리즈나코프와 내가 한때 참여했던 기록보관소의 자문 위원회는 역사 기록을 보존하는 일에 열정과 관심을 보여주었다. 뉴욕에 베벌리 윌리스 건축 재단을 설립한 베벌리 윌리스는 참여율 높은 공공 교육 프로그램을 구축하고, 산업계와 학계의 협력으로 시너지 효과를 유발하여 다양한 사람들을 논의에 참여시키는 역할을 했다. 베벌리 윌리스 건축 재단의 신탁 위원으로 함께할 수 있어 영광이었다. 페미니스트 건축 연구 단체 파탈FATALE의 공동 창립자인 마이케 샬크Meike Scalk, 카차 그릴너Katja Grillner와는 스톡홀름 왕립 공과대학교에서 만나 교육 및 사회 공헌에 관한 대화를 나누었다. 그 덕분에 국제적 관점의 방향성을 엿볼 수 있었다. 또한 캐나다 맥길 대학교의 앤마리 애덤스Annmarie Adams와 오스트레일리아 멜버른 대학교의 캐런 번스, 저스틴 클라크Justin Clark를 비롯해 건축업계 내 성평등 연구를 진행하고 그 경험을 공유해준 여러 나라의 관대한 연구자들에게도 도움을 받앗다. 가까이에서는 건축업계의 젊은 여성들을 위한 멘토링 네트워크와 프로그램 구성을 목적으로 아키텍스를 공동 설립한 시러큐스 대학교의 로리 브라운과 수많은 이야기를 하고 계획을 세웠다. '건축가 바비' 작업을 함께한 버펄로 대학교의 켈리 헤이스 매컬로니와는 여성 건축가의 존재를 더욱 명확히 드러낼 수 있는 새로운 방법을 찾고자 고군분투했다. 언급된 모든 여성과 언급하지 못한 더 많은 이들이 모두 건축계를 변화시키기 위해 같은 목표를 공유했으며 그들의 아이디어와 에너지, 도움에 감사를 전한다.

《플레이시스 저널》의 편집자이자 이사인 낸시 레빈슨과 나눈 수많은 대화 또한 이 책이 만들어지는 데 크게 기여했다. 그녀가 온라인에 글을 발표하라고 권하지 않았다면 이 책의 두 장을 구성한 건축가 바비와 위키피디아에 대한 글이 세상에 나올 수 없었을 것이다. 나의 작업에 사려 깊은 도움을 주는 그녀와 선임 편집자 조시 월라르트Josh Wallaert의 노고에 깊은 감사를 전한다. 특히 프린스턴 대학교 출판부 편집자인 미셸 코미Michelle Komie의 지혜와 도움에 감사한다. 이 책은 코미와 함께 작업한 두 번째 책이며 우리가 앞으로도 계속 함께하리라 믿는다. 뛰어난 교정자 메릴린 마틴Marilyn Martin에게도 감사를 표한다.

원고를 보고 익명의 독자 두 명이 의견을 주었고 두 사람의 소중한 의견에서 큰 도움을 받았다. 건축가 바비에 관한 3장은 건축가 바비가 실제 출시되기도 전에 시제품을 만드는 일에 기꺼이 동참해준 미시간 대학교 건축학과 학생들과 교수들이 없었다면 완성할 수 없었을 것이다. 이들이 상상한 바비는 지속적인 감동과 즐거움이 되었다. 운이 좋게도 버펄로 대학교 건축학과에서 젠더와 건축에 대한 대학원 세미나를 진행하며 이 책을 쓸 수 있었다. 세미나에 참여한 젊고 뛰어난 여성들은 학기 내내 의견을 제시하고 질문을 던지며 이 책을 풍성하게 만드는 자극이 되었다. 이 모든 것이 무엇을 위한 일인지 다시금 깨닫게 해준 그들에게 감사를 전한다.

주

1. 여자가 건축을 할 수 있을까?: 논쟁의 시작
May Women Practice Architecture? The First Century of Debate

1. "Women in Art,' *American Builder and Journal of Art*, September 1, 1872, 52.

2. Ibid.

3. Paula Baker, "The Domestication of Politics: Women and American Political Society, 1780-1920," *American Historical Review* 89, no. 3 (1984): 620-47.

4. "The Woman Architect," *Washington Post*, September 26, 1880; "Women Architects," *Cincinnati Enquirer*, September 11, 1880; Margaret Hicks, "The TenementHouse Problem-II," *American Architect and Building News*, July 31, 1880. The assumption that women architects would practice domestic architecture was wide-spread. See, for example, Countryside, "Women Architects," *Arthur's Home Magazine* 53 (June 1885), 368; "Women as Architects," *British Architect*, January 5, 1900, 16-17; "What a Woman Architect Could Do," *Building Age*, January 1, 1911, 38. For a discussion of similar views in Germany, see Despina Stratigakos, "Architects in Skirts: The Public Image of Women Architects in Wilhelmine Germany," *Journal of Architectural Education* 55, no. 2 (2001): 96-98.

5. [Thomas Raggles Davison], "May Women Practise Architecture?" *British Architect*, February 21, 1902.

6. Karl Scheffler, *Die Frau und die Kunst* [Woman and art] (Berlin: Julius Bard, 1908), 40-42, 57, 95, 102. For more on Scheffler, see Stratigakos, "Architects in Skirts."

7. Karl Scheffler, "Vom Beruf und von den Aufgaben des modernen Architekten: Schluss" [On the profession and responsibilities of the modern architect: Conclusion), *Süddeutsche Bauzeitung* 19, no. 14 (1909): 110.

8. Karl Scheffler, "Vom Beruf und von den Aufgaben des modernen Architekten" [On the profession and responsibilities of the modern

architect], *Süddeutsche Bauzeitung* 19, no. 13 (1909): 97, 99.

9. Ibid., 98; Scheffler,"Vom Beruf," *Süddeutsche Bauzeitung* 19, no. 14 (1909): 110.

10. Otto Bartning, "Sollen Damen bauen?" [Should ladies build?], *Die Welt der Frau (Gartenlaube)*, no. 40 (1911): 625-26.

11. Ayn Rand, *The Fountainhead* (New York: Signet, 1993), 216-17, 608-16.

12. Despina Stratigakos, "The Uncanny Architect: Fears of Lesbian Builders and Deviant Homes in Modern Germany," in *Negotiating Domesticity: Spatial Productions of Gender in Modern Architecture*, ed. Hilde Heynen and Gülsüm Baydar (London: Routledge, 2005), 145-61.

13. "Closet Wonders," *Sun* (Baltimore), June 11, 1911.

14. Lucile Erskine, "Woman in Architecture," *Cincinnati Enquirer*, October 8, 1911.

15. Jeanne Madeline Weimann, *The Fair Women* (Chicago: Academy Chicago, 1981), 141-80; Harriet Branton, "The Forgotten Lady Architect," *Observer-Reporter* (Washington, PA), April 23, 1983; "Successful Woman Architect," *Chicago Daily Tribune*, August 26, 1896; Despina Stratigakos, "Women and the Werkbund: Gender Politics and German Design Reform, 1907-14," *Journal of the Society of Architectural Historians* 62, no. 4 (2003): 490-511.

16. Stratigakos, "Women and the Werkbund," 506; Stratigakos, "The Uncanny Architect," 151.

17. Charlene G. Garfinkle, "Women at Work: The Design and Decoration of the Woman's Building at the 1893 World's Columbian Exposition" (Ph.D. diss., University of California, Santa Barbara, 1996), 56-57.

18. "These Girls Are Architects: Their Designs for a Hospital in San Francisco Have Been Accepted," *Chicago Daily Tribune*, December 15, 1894; "Planned by Two Women: Model Tenement-Houses to Be Built Soon in This City," *New York Tribune*, February 24, 1895.

19. Fritz Daussig, "Ein weiblicher Architekt" [A female architect], *Daheim* 45, no. 48 (1909): 14.

20. Lynne Walker, "Women Architects," in *A View from the Interior: Women and Design*, ed. Judy Attfield and Pat Kirkham (London: Women's Press, 1995), 99.

21. "Women Architects Win Chicago Prize: Best Plans for a Neighborhood," *New York Times*, March 6, 1915. On Mead and Schenk, see Sarah Allaback,

The First American Women Architects (Urbana: University of Illinois Press, 2008), 135-37, 219.

22. "Shakespeare Memorial Design Explained by Woman Architect," *Christian Science Monitor*, January 6, 1928; "Woman Architect 's Prize: Winning Design for New Shakespeare Memorial Theater," *Manchester Guardian*, January 6, 1928; Gillian Darley, "A Stage of Her Own," Guardian, January 29, 2011.

23. "Women as Architects," *British Architect*; Mary Marshall, "The Call of Architecture for Women Workers: Women Have to Be Housekeepers—Why Should Men Plan the House?," *New York Tribune*, August 3, 1912; "Women Architects," *Christian Science Monitor*, September 12, 1921; Helen Woodward , "The Woman Who Makes Good: women as Architects," *Chicago Defender*, June 10, 1933; "Gropius Tells Lacks of Properly Built Homes," *Daily Boston Globe*, May 22, 1938; Aileen, "Wanted: Women Architects! To Do Away with Domestic Difficulties," *Irish Times*, February 18, 1939; Mary Lou Loper, "Wanted: More Women Architects," *Los Angeles Times*, November 11, 1960; Lulu Stoughton Beem, "women in Architecture: A Plea Dating from 1884," *Inland Architect* 15 (December 1971): 6. See also note 25.

24. Judith Paine, "Pioneer Women Architects," in *Women in American Architecture: A Historic and Contemporary Perspective*, ed. Susana Torre (New York: Whitney Library of Design, 1977), 62; Louise Bethune, "Women and Architecture," *Inland Architect and News Record* 17, no. 2 (1891): 21.

25. "Women Should Design Houses," *Times Pictorial* (Irish Times), February 21, 1953; "Women Architects Needed," Globe and Mail, April 24, 1962; "A Little Imagination Could Improve Look of 'Suburbia,'" *Irish Times*, June 2, 1972.

26. Nancy Poore, "Woman Architect Cashes in on Design Talent," *Chicago Tribune*, March 13, 1966.

27. Ada Louise Huxtable, "The Last Profession to Be 'Liberated' by Women," *New York Times*, March 13, 1977.

28. "U.S. Women Architects Number 379, Count Shows," *Chicago Daily Tribune*, May 21, 1939; "Women Gain Slowly in Technical Fields," *New York Times*, January 17, 1949; Thomas W. Ennis, "Women Gain Role in

Architecture: Profession Yields Slowly," *New York Times*, March 13, 1960; Barbara Gius, "Women Virtually Absent in Field of Architecture," *Los Angeles Times*, March 16, 1975; "Where Are the Women Architects?," *Modern Review*, September 1923, 355; D. X. Fenten, *Ms.Architect* (Philadelphia: Westminster, 1977), 11.

29. Rita Rief, "Fighting the System in the Male-Dominated Field of Architecture," *New York Times*, April 11, 1971.

30. Jane Holtz Kay, "Women Architects—A Liberated Elite?," *Boston Globe*, September 13, 1970.

31. Rita Reif, "Women Architects, Slow to Unite, Find They're Catching Up with Male Peers," *New York Times*, February 26, 1973.

32. Gabrielle Esperdy, "The Incredible True Adventures of the Architectress in America," *Places Journal*, September 2012, http://placesjournal.org/articl e/the-incredible-true-adventures-of-the-architectress-in-america, retrieved November 30, 2014; Judith Edelman, "Task Force on Women: The AIA Responds to a Growing Presence," in *Architecture: A Place for Women*, ed. Ellen Perry Berkeley and Matilda McQuaid (Washington, DC: Smithsonian Institution Press, 1989), 117-23.

33. Reif, "Women Architects, Slow to Unite"; Esperdy, "The Incredible True Adventures of the Architectress in America"; Susana Torre, "Women in Architecture and the New Feminism," in *Women in American Architecture*, ed. Torre, 157.

34. Leslie Kanes Weisman and Noel Phyllis Birkby, "The Women's School of Planning and Architecture," in *Learning Our Way: Essays in Feminist Education*, ed. Charlotte Bunch and Sandra Pollack (Trumansburg, NY: Crossing Press, 1983), 224-45; Leslie Kanes Weisman, "A Feminist Experiment: Learning from WSPA, Then and Now," in *Architecture: A Place for Women*, ed. Berkeley and McQuaid, 125-33.

35. *Proceedings of the West Coast Women's Design Conference, April 18-20 1974, University of Oregon* (n.p.: West Coast Women's Design Conference, 1975).

36. Ellen Perry Berkeley, "Women in Architecture," *Architectural Forum*, September 1972, 46-53; Esperdy, "The Incredible True Adventures of the Architectress in America."

37. Marita O'Hare, "Foreword," in *Women in American Architecture*, ed. Torre,

6-7; Susana Torre, "Introduction: A Parallel History," in *Women in American Architecture*, ed. Torre, 10-13; Rosalie Genevro and Anne Rieselbach, "A Conversation with Susana Torre," Architectural League of New york Web Feature, *Women in American Architecture: 1977 and Today*, http:// archleague.org/2013/09/susana-torre, retrieved November 30, 2014.

38. Fenten, *Ms. Architect*.

39. See, for example, Inge Schaefer Horton, *Early Women Architects of the San Francisco Bay Area: The Lives and Work of Fifty Professionals, 1890-1951* (Jefferson, NC: McFarland: 2010); Despina Stratigakos, *A Women's Berlin* (Minneapolis :University of Minnesota Press, 2008); Ute Maasberg and Regina Prinz, *Die Neuen kommen! Weib liche Avantgarde in der Architektur der zwanziger Jahr*e [Here come the new ones! Female avantgardists in 1920s architecture] (Hamburg: Junius, 2004); Julie Willis and Bronywyn Hanna, *Women Architects in Australia, 1900-1950* (Red Hill, Australia: Royal Austra lian Institute of Architects, 2001); Annmarie Adams and Peta Tancred, *"Designing Women": Gender and the Architectural Profession* (Toronto: University of Toronto Press, 2000); Renja Suominen-Kokkonen, *The Fringe of a Profession: w men as Architects in Finland from the 1890s to the 1950s* (Helsinki, 1992).

2. 그 많던 건축학과 여학생들은 어디로 갔을까
The Sad State of Gender Equity in the Architectural Profession

1. National Architectural Accrediting Board, *2014 Annual Report from the National Architectural Accrediting Board, Inc., Pa*π *I: Programs, Students, and Degrees* (Washington, DC: National Architectural Accrediting Board, 2015), 11; Jane Duncan, "Why Are So Many Women Leaving Architecture," *Guardian*, August 7, 2013, http://www.theguardian.com/women-in-leadership/ 2013/aug/07/women-leaving-architecture-profession, retrieved December 20, 2014.

2. Josephine Bonomo, "Architecture Is Luring Women," *New York Times*, April 2, 1977.

3. Ellen Perry Berkeley, "Women in Architecture," *Architectural Forum*, September 1972, 47; Paul Goldberger, "Women Architects Building

Influence in a Profession That Is 98.8% Male, *New York Times*, May 18, 1974; Ellen Futterman,"Women in Architecture: 100 Years and Counting," *St. Louis Post -Dispatch*, May 7, 1989; Kathryn H. Anthony, *Designing for Diversity: Gender, Race, and Ethnicity in the Architectural Profession* (Urbana: University of Illinois Press, 2001), 12-13; Cathy Simon,"Women in Architecture: What Are We Doing Here?," *Contract* 45, no.3 (2003): 94.

4. Berkeley, "Women in Architecture," 48.

5. Graham Fraser, "Architecture Students Abused, Report Says: Teaching Environment at Carleton School Called Discriminatory, Unprofessional, Sexist," Globe and Mail, December 23, 1992; Anthony, *Designing for Diversity*, 19.

6. Laura Mark, "Bullying on the Rise in Architecture School," *Architects' Journal*, January 10, 2014, https://www.architectsjournal.co.uk/home/ events/wia/bullying-on-the-rise-in-architecture-school/8657351.article, retrieved May 23, 2015.

7. See, for example, Matrix, *Making Space: Women and the Man Made Environment* (London: Pluto, 1984); American Architectural Foundation, "That Exceptional One"; *Women in American Architecture, 1888-1988* (Washington, DC: American Architectural Foundation, 1988); Renja Suominen-Kokkonen, *The Fringe of a Profession: Women as Architects in Finland from the 1890s to the 7950s* (Helsinki, 1992); Leslie Kanes Weisman, *Discrimination by Design: A Feminist Critique of the Man-Made Environment* (Urbana: University of Illinois Press, 1992); Clara H. Greed, *Women and Planning: Creating Gendered Realities* (London: Routledge, 1994); Francesca Hughes, ed., *The Architect: Reconstructing Her Practice* (Cambridge, MA: MIT Press, 1998); Helen Searing et al., *Equal Partners: Men and Women Principals in contemporary Architectural Practice* (Northampton, MA: Smith College Museum of Art, 1998); Annmarie Adams and Peta Tancred, *"Designing Women": Gender and the Architectural Profession* (Toronto: University of Toronto Press, 2000); Anthony, *Designing for Diversity*; Julie Willis and Bronywyn Hanna, *Women Architects in Australia, 1900-1950* (Red Hill, Australia: Royal Australian Institute of Architects, 2001); Sarah Allaback, The First American Women Architects (Urbana: University of Illinois Press, 2008); Despina Stratigakos, *A Women's Berlin* (Minneapolis: University of Minnesota Press, 2008); Inge Schaefer Horton, *Early Women*

Architects of the San Francisco Bay Area: The Lives and Work of Fifty Professionals, 1890-1951 (Jefferson, NC: McFarland: 2010)

8. Margit Kennedy, "Seven Hypotheses on Female and Male Principles in Architecture," *Making Room: Women and Architecture*, special issue, *Heresies* 3, no. 3, issue 11 (1981): 12-13; Phyllis Birkby, "Herspace," *Making Room: Women and Architecture*, special issue, *Heresies* 3, no. 3, issue 11 (1981): 28-29; Mimi Lobell, "The Buried Treasure: Women's Ancient Architectural Heritage," in *Architecture: A Place for women*, ed. Ellen Perry Berkeley and Matilda McQuaid (Washington, DC: Smithsonian Institution Press, 1989), 139-57; Oliver Wainwright, "Zaha Hadid's Sport Stadiums: 'Too Big, Too Expensive, Too Much Like a Vagina,'" *Guardian*, November 28, 2013, http://www.theguardian.com/artanddesign/2013/nov/28/zaha-hadid-stadiums-vagina, retrieved December 3, 2014.

9. See, for example, Beatriz Colomina, ed., *Sexuality and Space* (New York: Princeton Architectural Press, 1992); Diana Agrest, *Architecture from Without: Theoretical Framings for a Critical Practice* (Cambridge, MA: MIT Press, 1993); Jennifer Bloomer, ed., *Architecture and the Feminine: Mop-Up Work*, special issue, *Any*, January/February 1994. For a critique of the exclusion of this feminist theory in subsequent architectural theory anthologies, see Karen Burns, "A Girl's Own Adventure: Gender in Contemporary Architectural Theory Anthology," *Journal of Architectural Education* 65, no. 2 (2012): 125-34.

10. Karen Kingsly, "Rethinking Architectural History from a Gender Perspective," in *Voices in Architectural Education: Cultural Politics and Pedagogy*, ed. Thomas A. Dutton (New York: Bergin and Garvey, 1991), 249-64; Diane Ghirardo, "Cherchez la femme: Where Are the Women in Architectural Studies?," in *Desiring Practices: Architecture, Gender and the Interdisciplinary*, ed. Katerina Ruedi, Sarah Wigglesworth, and Duncan McCorquodale (London:Black Dog, 1996), 156-73.

11. Mark, "Bullying on the Rise."

12. National Architectural Accrediting Board, *2014 Annual Report from the National Architectural Accrediting Board, Inc., Part III: Faculty* (Washington, DC: National Archi tectural Accrediting Board, 2015), 5.

13. Linda N. Groat and Sherry B. Ahrentzen, "Voices for Change in Architectural Education: Seven Facets of Transformation from the

Perspectives of Faculty Women," *Journal of Architectural Education 50*, no. 4 (1997): 272, 277-79. Groat and Ahrentzen point out that the predominance of male faculty in upper -level design studios is not simply an outcome of the higher percentages of tenured male design faculty but also has to do with gendered perceptions that female faculty, including those in senior positions, are better suited to undertake the "nurturing" work of entry-level studios.

14. Lori Brown and Nina Freedman, "Women in Architecture: Statistics for the Academy," *Indiegogo*, https://www.indiegogo.com/projects/women-in-architecture, retrieved December 20, 2014.

15. Mark, "Bullying on the Rise."

16. Anthony, *Designing for Diversity*, 12; National Architectural Accrediting Board, *2014 Annual Report from the National Architectural Accrediting Board, Inc., Part I*, 19; Alice Lipowicz, "Architects Make Gains, but Few Elevated to Top," *Crain's New York Business* 17, no. 25 (2001): 32; Stefanos Chen, "In Architecture, a Glass Ceiling," *Wall Street Journal* online, August 21, 2014, http://www.wsj.com/articles/in-architecture-a-glass-ceiling-140863 3998, retrieved December 20, 2014.

17. Laura Mark, "88% Women Say Having Children Puts Them at a Disadvantage," *Architects' Journal*, January 10, 2014, https://www.architects journal.co.uk/home/events/wia/88-women-say-having-children-puts-them-at-disadvantage/8657348.article, retrieved May 23, 2015.

18. Ibid. See also Despina Stratigakos, "The Good Architect and the Bad Parent: On the Formation and Disruption of a Canonical Image," *Journal of Architecture* 13, no. 3 (2008): 283-96.

19. Anne Richardson, "Half the Mothers I Know Have Been Driven from Their Jobs," *Guardian*, August 8, 2013, http://www.theguardian.com/money/2013/aug/08/workplace-discrimination-pregnant-women-mothers-common, retrieved December 21, 2014; Ann de Graft-Johnson, Sandra Manley, and Clara Greed, *Why Do Women Leave Architecture?* (Bristol: University of the West of England-Bristol,and London: Royal Institute of British Architects, 2003), 17, 19; Mark,"88% Women Say Having Children Puts Them at a Disadvantage."

20. Mark, "88% Women Say Having Children Puts Them at a Disadvantage."

21. Ernest Beck, "Making the Mold: The Lack of Diversity in Architecture Isn't a Simple Problem, but There Are Better and Worse Ways to Approach the

Issue," *Architect*, July 2, 2012, http://www.architectmagazine.com/practice/best-practices/making-progress-with-diversity-in-architecture_o, retrieved December 20, 2014.

22. AIA San Francisco and Equity by Design Committee, *Equity by Design: Knowledge, Discussion, Action! 2014 Equity in Architecture Survey Report and Key Outcomes*, report prepared by Annelise Pitts, Rosa Sheng, Eirik Evenhouse, and Ruohnan Hu (SanFrancisco :AIA San Francisco, 2015), 22 ff.

23. Ibid., 19, 21, 33; Laura Mark, "Gender Pay Gap Worst in America," *Architects' Journal*, January 10, 2014, http://www.architectsjournal.co.uk/home/events/wia/gender-pay-gap-worst-in-america/8657355.article, retrieved April 6, 2015; Laura Mark, "Pay Gap Widens: Women Architects Earn Less than Men," *Architects' Journal* , January 10, 2014, https://www.architects journal.co.uk/home/events/wia/pay-gap-widenswomen-architects-earn-less-than-men/8657346.article, retrieved April 6, 2015; U.S. Bureau of Labor Statistics, "Household Data Annual Averages," 2014 (these figures include architects and engineers), http://www.bls.gov/cps/cpsaat39.pdf, retrieved April 6, 2015; de Graft-Johnson, Manley, and Greed, *Why Do Women Leave Architecture?*, 17.

24. American Institute of Architects, "Women in Architecture Toolkit," October 2013, 5, http://issuu.com/aiadiv/docs/women_in_architecture_toolkit, retrieved December 3, 2014; Eric Willis, "Five Firm Changes," *Architect*, October 2014, 122.

25. It is possible that an architect working toward licensure does so unofficially under a female supervisor, who does not have the authority to sign off as the National Council of Architectural Registration Boards (NCARB) supervisor. Even so, the degree of gender disparity in these figures leaves little doubt that male supervisors remain by far the dominant presence. National Council of Architectural Registration Boards, *2014 NCARB by the Numbers*(Washington, DC: National Council of Architectural Registration Boards, 2014), 6, http://www.ncarb.org/About-NCARB/~/media/Files/PDF/Special-Paper/NCARB_by_the_Numbers_2014.ashx, retrieved December 21, 2014.

26. Diana Griffiths, "A Lost Legacy," *Archiparlour*, April 18, 2012, http://archiparlour.org/authors/diana-griffiths, retrieved December 12, 2014; Sandra Kaji-O'Grady, "Does Motherhood + Architecture = No Career?," *Architecture AU*, November 20, 2014, http://architectureau.com/articles/

does-motherhood-architecture-no-career, retrieved January 20, 2015.

27. Justine Clark, "Six Myths about Women and Architecture," *Archiparlour*, September 6, 2014, http://archiparlour.org/six-myths-about-women-and-architecture, retrieved December 12, 2014; de Graft-Johnson, Manley, and Greed, *Why Do Women Leave Architecture?*, 19.

28. Denise Scott Brown, "Room at the Top: Sexism and the Star System in Architecture," in *Architecture: A Place for Women*, ed. Berkeley and McQuaid, 245.

29. Lamar Anderson, "How Women Are Climbing Architecture's Career Ladder." Curbed, March 17, 2014, http:vcurbed .com/archives/2014/03/17/how-women -are-climbing-architectures-career-ladder.php, retrieved December 14, 2014; Anthony, *Designing for Diversity*, 166-67; Sheryl Sandberg, *Lean In: Women, Work, and the Will to Lead* (New York :Knopf, 2013), 66-67, 71.

30. Sandberg, *Lean In*, 65, 68.

31. Richard Waite and Ann-Marie Corvin, "Shock Survey Results as the AJ Launches Campaign to Raise Women Architects' Status," *Architects' Journal*, January 16, 2012, http://www.architectsjournal.co.uk/news/daily-news/shock -survey-results-as-the-aj-launches-campaign-to-raise-women-architects-status /8624748.article, retrieved December 21, 2014; Harriet Minter, "Sexism in Architecture: On the Rise," *Guardian*, January 13, 2014, http://www.theguardian.com/women-in-leadership/2014/jan/13/women-in-architecture-sexism, retrieved December 15, 2014; Laura Mark,"Sexual Discrimination on the Rise for Women in Architecture," *Architects' Journal*, January 10, 2014, https://www.architectsjournal.co.uk/home/events/wia/sexual-discrimination-on-the-rise-for-women-in-architecture/8657345.article, retrieved April 6, 2015.

32. Laura Mark, "Survey Shows Shocking Lack of Respect for Women Architects," *Architects' Journal*, January 10, 2014, https://www.architects journal.co.uk/survey-shows-shocking-lack-of-respect-for-women-architects/8657343.article, retrieved April 6, 2015.

33. Clark, "Six Myths about Women and Architecture"; de Graft-Johnson, Manley, and Greed, *Why Do Women Leave Architecture?*, 21. See also Karen Burns, "The Elephant in Our Parlour: Everyday Sexism in Architecture," *Archiparlour*, August 20, 2014, http://archiparlour.org/the-elephant-in-our-

parlour-everyday-sexism-in-architecture, retrieved December 14, 2014.

34. Mabel Brown, "Women in Profession: VII—Architecture," *San Francisco Chronicle*, September 24, 1905.

35. "Architecture as a Profession for Women," *Journal of the Society of Architects* 5, no. 53 (March 1912), 188-89.

36. Brown, "Women in Profession."

37. "Why Not Women Architects? Great Demand and No Supply," *Journal of the Society of Architects* 6, no. 70 (August 1913): 393-94.

38. Mark, "Sexual Discrimination on the Rise for Women in Arch itecture."

39. Laura Mark, "Gender Pay Gap: 'Beyond Shocking,'" *Architects' Journal*, May 2, 2014, http://www.architectsjournal.co.uk/news/gender-pay-gap-beyond-shocking/8662077.article, retrieved April 6, 2015.

40. Beverly Willis Architecture Foundation, "Industry Leaders Roundtable Program," http://bwaf.org/roundtabl e/roundtable-about, retrieved December 15, 2014.

41. AIA San Francisco and Equity by Design Committee, *Equity* by Design, 36.

42. Sophia Saravamartha Meisels, "Half of Greek Architects Are Women," *Jerusalem Post*, December 24, 1967; Mizra and Nacey Research, *The Architectural Profession in Europe, 2014: A Sector Study Commissioned by the Architects' Council of Europe* (Brussels: Architects' Council of Europe, 2015), http://www.ace-cae.eu/fileadmin/New_Upload/7._Publications/Sector_ Study/2014/EN/2014_EN_FULL.pdf, retrieved April 3, 2015.

43. Josh Mitchell, "Women Notch Progress: Females Now Constitute One-Third of Nation's Ranks of Doctors and Lawyers," *Wall Street Journal*, December 4, 2012; Philip Cohen, "More Women Are Doctors and Lawyers than Ever-but Progress Is Stalling," *Atlantic*, December 11, 2012, http://www.theatlantic.com/sexes/archive/2012/12/more-women-are-doctors-and-lawyers-than-ever-but-progress-is-stalling/266115, retrieved December 21, 2014. Cohen points out, however, that attrition—although at lower rates than in architecture—also exists in medicine and is slowing the progress toward parity.

44. For examples of promising work comparing architecture with other fields, see Adams and Tancred, "Designing Women," and Anthony, *Designing for Diversity*.

45. American Institute of Architects, "Resolution 15-1, Equity in Architecture,"

2015 AIA National Convention and Design Exposition: Official Delegate Information Booklet (Washington, DC: American Institute of Architects, 2015), 15-16; Rosa Sheng, "Equity by Design: AtlAIAnta! Convention Recap," *Equity by Design: Missing 32 Percent Blog*, May 17, 2015, http://themissing32percent.com/blog/2015/5/17/equity-by-design-aia-convention-atlanta-recap, retrieved May 23, 2015.

3. 건축가 바비에게 배운 것: 누구나 건축가가 될 수 있다
What I Learned from Architect Barbie

1. Jodi S. Cohen, "Ground Zero of Affirmative Action Issue: As Michigan Voters Decide Whether Gender, Race Should Be Factors in Jobs and Admissions, the Outcome Could Affect the National Debate," *Chicago Tribune*, October 19, 2006; Peter Schmidt, "Michigan Overwhelmingly Adopts Ban on Affirmative-Action Preferences," *Chronicle of Higher Education*, November 17, 2006, A23-A24. This chapter draws on and expands an earlier article: Despina Stratigakos, "What I Learned from Architect Barbie," *Places Journal*, June 2011, http://places.designobserver.com/feature/what-i-learned-from-architect-barbie/27638, retrieved May 23, 2015.

2. Gabrielle Esperdy,"The Incredible True Adventures of the Architect ress in America," *Places Journal*, September 2012, http://placesjournal.org/article/the-incredible-true-adventures-of-the-architectress-in-america, retrieved November 30, 2014. See also chapter 1.

3. Despina Stratigakos, "The Good Architect and the Bad Parent: On the Formation and Disruption of a Canonical Image," *Journal of Architecture* 13, no. 3 (2008): 283-96; *One Fine Day*, directed by Michael Hoffman, 1996 (Los Angeles, CA: 20th Century Fox, 2003), DVD; *Click*, directed by Frank Coraci, 2006 (Culver City, CA: columbia Pictures Corporation, 2006), DVD.

4. Guerrilla Girls, *The Guerrilla Girls' Bedside Companion to the History of Western Art* (New York: Penguin, 1998).

5. Judy Schriener, "Architect Barbie in the Offing?" *Construction*, December 5, 2002, http://www.construction.com/NewsCenter/it/archive/20021205apf.asp, last accessed August 7, 2013. Site no longer working.

6. Stephen T. Watson, "Professor Builds Case for Barbie as Architect," *Buffalo News*, February 7, 2010; Melissa Harris, "Mattel Launching Computer Engineer Barbie: Society of Women Engineers CEO Helps Design New Career Doll," *Chicago Tribune*, April 14, 2010.

7. Despina Stratigakos, "Architects in Skirts: The Public Image of Women Architects in Wilhelmine Germany," *Journal of Architectural Education* 55, no. 2 (2001): 92-93.

8. Stefani Yocky, e-mail to the author and others, November 18, 2011.

9. Jonathan Glancey, "The Best Architecture of 2011: Jonathan Glancey's Choice," *Guardian*, December 5, 2011; Anna Winston, "The Top 10 News Stories of 2011," *BDonline*, December 30, 2011, http://www.bdonline.eo.uk/the-top-10-news-stories-of-2011/5029650.article, retrieved January 30, 2015; Jaime Derringer, "Top 10 of 2011: Design," *USA Character Approved Blog*, December 7, 2011, http://www.characterblog.com/design/top-10-of-2011-design, retrieved May 30, 2013; Miguel Bustillo, "Search Is On for Hot Stuff," *Wall Street Journal*, December 8, 2011.

10. *Women in Practice*, special issue, *Architects' Journal*, January 12, 2012, cover; "What We Love," *Elle Decor*, July-August 2011, 30; Ella Alexander, "Architect Barbie," *Vogue* (U.K.), March 1, 2011, http://www.vogue.eo.uk/news/2011/03/01/barbie-the-architect-launches, retrieved January 30, 2015.

11. Margaret Hartmann, "New Architect Barbie Designs Her Own Dream House," *Jezebel*, February 22, 2011, http://jezebel.com/5766877/new-architect-barbiedesigns-her-own-dream-house, retrieved January 27, 2015.

12. "Architect Barbie," *indesignlive*, February 24, 2011, http://www.indesignlive.com/articles/in-review/architect-barbie, retrieved March 20, 2011. The comments no longer appear on the archived page.

13. Sarah, comment made on February 18, 2011 (4:04) on Nancy Levinson, "Architect Barbie," *Design Observer*, February 18, 2011, http://designobserver.com/feature/architect-barbie/24718, retrieved January 25, 2015.

14. Sherrie A. Innis, "Barbie Gets a Bum Rap: Barbie's Place in the World of Dolls," in *The Barbie Chronicles: A Living Doll Turns Forty*, ed. Yona Zeldis McDonough (New York: Touchstone, 1999), 178-79; Anna Quindlen, "Barbie at 35," in *The Barbie Chronicles*, ed. McDonough, 119.

15. Peggy Orenstein, *Cinderella Ate My Doughter: Dispatches from the Front Lines of the New Girlie-Girl Culture* (New York: HarperCollins, 2011), 33 ff.

16. Jessica Lane, "The Audacity of Architect Barbie," *EHDD*, March 3, 2011, http://www.ehdd.com/4440, retrieved January 30, 2015; Luke Butcher, "Architect Barbie," *Luke Butcher Blog*, April 6, 2011, http://lukebutcher. blogspot.com/2011/04/architect-barbie.html, retrieved January 30, 2015; siddharth lalka, comment made on February 22, 2011 (3:58 p.m.) on Anna Winston, "Mattel Reveals Architect Barbie," *BDonline*, February 21, 2011, http://www.bdonline.co.uk/mattel-reveals-architect-barbie/5013692.article, retrieved January 30, 2015.

17. Alissa Walker, "Architecture Is Tough! Will Architect Barbie Help More Women Become Designers?," *Good.is*, March 3, 2011, http://magazine. good.is/articles/architecture-is-tough-will-architect-barbie–help-more-women-become-designers, retrieved January 30, 2012; Jerri Holan, "Architect Barbie: Role Model or Ridiculous?," *UrbDeZine San Francisco*, November 30, 2011, http://sanfrancisco.urbdezine.com/2011/11/30/architect-barbie-role-model-or-ridiculous, retrieved January 30, 2015; Karen Hewitt, "Does Architect Barbie Play with Blocks?," *Learning Materials Workshop Blog*, February 22, 2011, http://learningmaterialswork.com/blog/2011/02/does-architect-barbie-play-with-blocks, retrieved January 30, 2015; Alexandra Lange, "Girl Talk," *Dwell*, July-August 2012, 92-94.

18. I have abridged the comments quoted here for the sake of readability and have also identified the posters by first names only. Inda,A driana, Leslie, and Laura, comments on "Fetish in Pink," *American Institute of Architects LinkedIn Forum*, March-June 2011, http://www.linkedin.com/groupItem?view w=&srchtype=discussedNews&g id=113822&item=45564786&type=memb er&trk=eml -anet_dig-b_pd-ttl-cn, retrieved June 17, 2011.

19. Tracey, Patricia, Ellie, comments on Levinson, "Architect Barbie."

20. "'Ladies (and Gents) Who Lunch with Architect Barbie' Event," October 13, 2011, *ArchDaily*, http://www.archdaily.com/?p=175512, retrieved January 30, 2015.

21. Lisa Boquiren, "What Can a Toy Do for Architecture?," *Metropolis*, November 2011, http://www.metropolismag.com/Point-of-View/November-2011/What-can-a-toy-do-for-architecture, retrieved January 30, 2015.

22. "Origins," *Equity by Design: The Missing 32% Project*, http://themissing32 percent.com/origins, retrieved January 30, 2015.

23. Lisa Boquiren, "In Equality—Architect Barbie's Journey to the Pritzker."

Metropolis, July 9, 2013, http://www.metropolismag.com/Point-of-View/
July-2013/ln-equality-Architect-Barbies-Journey-to-the-Pritzker, retrieved
January 30, 2015.

24. Lauren Finch, "Dreaming of the Future: AIA Chicago Joins CPS [Chicago
Public Schools] for Inaugural Barbie Architect Workshop," *Chicago
Architect*, January/February 2013, http://mydigimag.rrd.com/article/
Dreaming_of_the_Future/1275362/140831/article.html, retrieved January
30, 2015; Yvette Morris, "Q&A with Tamarah Begay, AIA: Navajo Nation
Architect, Barbie Ambassador," *AIArchitect*, August 23, 2013, http://www.
aia.org/practicing/AIAB099854, retrieved January 30, 2015.

4. 건축상은 누구의 것인가 Architecture Prizes and the Boys' Club

1. "Zaha Hadid Wins Pritzker," *Art in America*, May 2004, 45; Nicolai
Ouroussoff, "First Woman Wins Pritzker," *Los Angeles Times*, March 22,
2004; Benjamin Forgey, "Hadid Is First Woman to Win Pritzker Prize,"
Washington Post, March 22, 2004; Robert W. Duffy, "Iraqi Native Is First
Woman to Win Prestigious Prize for A rchitecture," *St. Louis Post-Dispatch*,
March 22, 2004. For an analysis of the Pritzker jury citations and the
gendered discourse of architectural genius, see Hilde Heynen, "Genius,
Gender and Architecture: The Star System as Exemplified in the Pritzker
Prize," *Women, Practice, Architecture, special issue, Architectural Theory
Review* 17, nos. 2-3 (2012): 331-45.

2. Herbert Muschamp, "An Iraqi-Born Woman Wins Pritzker Architecture
Award," *New York Times*, March 22, 2004; Herbert Muschamp, "Woman of
Steel: Getting Her Architecture Built Was Zaha Hadid's Most Formidable
Challenge," *New York Times*, March 28, 2004; Edwin Heathcote, "'Some
Must Think I Deserve It,'" *Financial Times*, May 25, 2004; John Gallagher,
"Designer Rejects Rational Order, Becomes First Woman to Win Pritzker
Prize," *Knight Ridder Tribune Business News*, April 8, 2004; Nigel Coates,
"Sometimes You Have to Behave Like a Diva if You Want to Get Stuff
Built," *Independent*, May 30, 2004. For a criticism of this use of the term
diva, see Robert Ivy, "Beyond Style," editorial, *Architectural Record*, May 1,
2004, 17. For an analysis of Zaha Hadid's more recent media image, see

lgea Troiani, "Zaha: An Image of 'The Woman Arch itect,'" *Women, Practice, Architecture*, special issue, *Architectural Theory Review* 17, nos. 2-3 (2012): 346-64.

3. Stuart Jeffries, "Maybe They're Scared of Me: Zaha Hadid Was Once Famousfor Not Getting Anything Built," *Guardian*, April 26, 2004.

4. Gallagher, "Designer Rejects Rational Order."

5. Muschamp, "Woman of Steel."

6. Ibid.

7. Ibid.

8. Ivy, "Beyond Style."

9. Carol Henderson, "Robert Venturi: No Architect Is an Island," letter to the editor, *New York Times*, May 19, 1991; Mike Capuzzo, "Plight of the Designing Woman," *Philadelphia Inquirer*, December 10, 1992; Jill Jordan Sieder, "A Building of Her Own," *U.S. News and World Report*, October 14, 1996, 67. On the collaborative nature of their firm, see Denise Scott Brown, "Room at the Top: Sexism and the Star System in Architecture," in *Architecture: A Place for Women*, ed. Ellen Perry Berkeley and Matilda McQuaid (Washington, DC: Smithsonian Institution Press, 1989), 239-40.

10. Bonnie Churchill, "Versatile Arch itect W ins Pritzker Prize," *Christian Science Monitor*, April 8, 1991; "Venturi Wins 1991 Pritzker Prize," *Architects' Journal*, April 17, 1991, 13.

11. Martin Filler, "Eyes on the Prize," *New Republic*, April 26 and May 3, 1999, 92.

12. James Sanders, "Robert Ventu ri: Denise Scott Brown: An Architectural Team to Reshape the American Landscape," *Los Angeles Times*, August 18, 1991. See also Scott Brown, "Room at the Top," 241.

13. Scott Brown, "Room at the Top," 238, 242; Denise Scott Brown, "Sexism and the Star System in Architecture: A Lecture by Denise Scott Brown," synopsis published in *Proceedings of the West Coast Women's Design Conference, April 18-20, 1974, University of Oregon* (n.p.: West Coast Women's Design Conference, 1975), 20-21; "Architect Robert Venturi Is Named the 1991 Pritzker Architecture Prize Laureate," Pritzker Architecture Prize, http://www.pritzkerprize.com/1991/announcement, retrieved January 15, 2015.

14. "Architectural Partners in Japan Become the 2010 Pritzker Architecture

Prize Laureates," Pritkzer Architecture Prize, http://www.pritzkerprize.com/2010/announcement, retrieved January 12, 2015.

15. Ann Lok Lui, "Working in the Shadows: Did the Pritzker Slight Wang Shu's Wife, Lu Wenyu?," *Architect's Newspaper*, April 25, 2012, http://www.archpaper.com/news/articles.asp?id=6016#.VLQazSvF-So, retrieved January 12, 2015.

16. Richard Waite, "Video Exclusive: Denise Scott Brown on Why She Deserves Pritzker Recognition," *Architects' Journal*, April 10, 2013, http://www.architectsjournal.eo.uk/video-exclusive-denise-scott-brown-on-why-she-deserves-pritzker-recognition/8645333.article, retrieved January 14, 2015; Richard Waite, "Call for Denise Scott Brown to Be Given Pritzker Recognition," *Architects' Journal*, March 21, 2013; Rory Olcayto, "Pritzker Prize: Denise Scott Brown Should Have Won in '91," *Architects' Journal*, March 19, 2013.

17. "The Pritzker Architecture Prize Committee: Recognize Denise Scott Brown for Her Work in Robert Venturi's 1991 Prize," Change.org petition, https://www.change.org/p/the-pritzker-architecture-prize-committee-recognize-denise-scott-brown-for-her-work-in-robert-venturi-s-1991-prize, retrieved January 14, 2015; Alexandra Lange, "Architecture's Lean In Moment," *Metropolis Magazine*, July-August 2013, 59.

18. Robin Pogrebin, "Partner without the Prize," *New York Times*, April 17, 2013; Catriona Davies, "Denise Scott Brown: Architecture Favors 'Lone Male Genius' over Women," *CNN International*, May 29, 2013, http://edition.cnn.com/2013/05/01/business/denise-scott-brown-pritzker-prize, retrieved January 20, 2015.

19. Olcayto, "Pritzker Prize."

20. Colonel Pancake, wmh, salvatore, Standpipe, and Frank, comments made on "Denise Scott Brown Demands Pritzker Recognition," *Dezeen Magazine*, March 27, 2013, http://www.dezeen.com/2013/03/27/denise-scott-brown-demands-pritzker-recognition/, retrieved January 16, 2015.

21. Carolina A. Miranda, "Pritzker Architecture Prize Committee Denies Honors for Denise Scott Brown," *Architect*, June 14, 2013, http: www.architect magazine.com/design/pritzker-architecture-prize-committee-refuses-to-honor-denise-scott-brown.aspx, retrieved January 20, 2015.

22. "Harvard Students Fire Back at Pritzker Jury's Response to Denise Scott

Brown Petition," *Architectural Record*, July 11, 2013, http://archrecord. construction.com/news/2013/07/130711-harvard-design-denise-scott-brown-petition-pritzker-jury.asp, retrieved January 15, 2015.

23. Guy Horton, "Pritzker Prize Rejects Denise Scott Brown," *Huffington Post*, June 17, 2013, http://www.huffingtonpost.com/guy-horton/pritzker-prize-rejects-de_b_3445457.html, retrieved January 15, 2015.

24. Anna Kats, "The Arch itecture Community Responds to Pritzker's Denise Scott Brown Verdict," *Blouin Artlnfo*, June 18, 2013, http://blogs.artinfo. com/objectlessons/2013/06/18/the-architecture-community-responds-to-pritzkers-denise-scott-brown-verdict, retrieved January 15, 2015.

25. Ibid.

26. Beverly Willis, "The Lone Heroic Architect Is Passé," opinion pages, *New York Times*, July 15, 2014, http://www.nytimes.com/roomfordebate/2013/05/14/married-to-an-award-winner/the-lone-heroic-architect-is-passe, retrieved January 20, 2015; Wendy Moonan, "AIA Awards 2014 Gold Medal to Julia Morgan," *Architectural Record*, December 16, 2013, http://archrecord. construction.com/news/2013/12/131216-aia-awards-2014-gold-medal-to-julia -morgan.asp, retrieved January 17, 2015; Lange, "Architecture's Lean In Moment," 78.

27. Cathleen McGuigan and Laura Raskin, "AIA 2013: National AIA Votes to Allow Two Individuals to Win Gold Medal" *Architectural Record*, June 4, 2013, http://archrecord.construction.com/news/2013/06/130604-new-york-aia-chapter-recommends-a-change-to-gold-medal-rules.asp, retrieved January 20, 2015 .

28. Mark Alden Branch, "The Medal-Go-Round," *Progressive Architecture*, October 1994, 69; Kats, "The Architecture Community Responds to Pritzker's Denise Scott Brown Verdict."

29. Lange, "Architecture's Lean In Moment," 81.

30. "List of Arch itecture Prizes," Wikipedia.org, https://en.wikipedia.org/wiki/ List_of_architecture_prizes, retrieved January 17, 2015; Willis, "The Lone Heroic Architect Is Passe."

31. Lange, "Architecture's Lean In Moment," 59.

32. Branch, "The Medal-Go-Round," 65-66.

33. Alex Frangos, "A Year after Pritzker, Doors Are Open for Architect," *Wall Street Journal*, March 23, 2005.

34. Moonan, "AIA Awards 2014 Gold Medal to Julia Morgan."

35. Bill Lacy, quoted by Branch, "The Medal-Go-Round," 108.

36. Branch, "The Medal-Go-Round," 66, 108.

37. Ned Cramer, "The Shigeru Ban Win Is a Big Deal" *Architect*, May 1, 2014, http://www.architectmagazine.com/architects/the-shigeru-ban-win-is-a-big-deal_o.aspx, retrieved January 20, 2015; Robin Pogrebin, "Pritzker Architecture Prize Goes to Shigeru Ban," *New York Times*, March 24, 2014.

38. Kate Mosse, "History," Baileys Women's Prize for Fiction, http://www.womensprizeforfiction.co.uk/about/history, retrieved January 20, 2015.

39. "Architectural Record Announces Winners of First Annual Women in Architecture Awards," *Architectural Record*, August 12, 2014, http://archrecord.construction.com/news/2014/08/140812-architectural-record-winners-first- annual-women-in- architectu re-awards.asp, retrieved January 20, 2015; Berkeley-Rupp Architecture Professorship and Prize, http://rupp.ced.berkeley.edu/prize, retrieved January 20, 2015; Beverly Willis Architecture Foundation, "BWAF Rolls Out Leadership Awards," June 30, 2014, http://bwaf.org/bwaf-rolls-out-leadership-awards, retrieved January 20, 2015; Laura Mark, "AJ Women in Architecture Awards," *Architects' Journal*, November 25, 2014, http://www.architectsjournal.co.uk/news/aj-women-in-architecture-awards-deadline-extended/8671996.article, retrieved April 6, 2015; Italcementi Group, "arcVision Prize-Women and A rchitecture," February 8, 2013, http://www.italcementigroup.com/ENG/Media+and+ Communication/News/Building+and+Architecture/20130208.htm, retrieved January 20, 2015; Karissa Rosenfield, "Shereen Sherzad Wins the 2014 Tamayouz Women in Architecture and Construction Award," *ArchDaily*, November 4, 2014, http://www.archdaily.com/?p=563900, retrieved January 20, 2015.

40. "The Prize," Berkeley-Rupp Architecture Professorship and Prize, http://rupp.ced.berkeley.edu/prize.

41. Karen Burns, "Who Wants to Be a Woman Architect?," *Archiparlour*, May 2, 2012, http://archiparlour.org/who-wants-to-be-a-woman-architect, retrieved January 20, 2015.

42. Richard Waite, "'Women Need to Support Each Other.' Says Zaha after Winning Jane Drew Prize," *Architects' Journal*, April 20, 2012, http://www.architectsjournal.co.uk/news/daily-news/women-need-to-support-each-

other-says-zaha-after-winning-jane-drew-prize/8629310.article, retrieved
January 20, 2015.

43. Becky Anderson, "At Last, It's Zaha Hadid's Time to Shine," *CNN
International*, August 8, 2012, http://edition.enn.com/2012/08/01/business/
leading-women-zaha-hadid, retrieved January 20, 2015.

5. 여성 건축가가 사라지지 않도록: 역사와 위키피디아를 마주하며
Unforgetting Women Architects: A Confrontation with History and Wikipedia

1. On Hatshepsut, see Kara Cooney, *The Woman Who Would Be King:
Hatshepsut's Rise to Power in Ancient Egypt* (New York: Crown, 2014), and
Catharine H. Roehrig, Renée Dreyfus and Cathleen A. Keller, eds.,
Hatshepsut, From Queen to Pharaoh (New York: Metropolitan Museum of
Art, and New Haven, CT: Yale University Press, 2005). This chapter draws
on and expands an earlier article: Despina Stratigakos, "Unforgetting Women
Architects: From Pritzker to Wikipedia," *Places Journal*, June 2013, http://
places.designobserver.com/feature/unforgetting-women-architects-from-
pritzker-to-wikipedia/37912, retrieved May 25, 2015.

2. International Archive of Women in Architecture, http://spec.lib.vt.edu/
IAWA, retrieved May 25, 2015.

3. Christine Battersby, *Gender and Genius: Toward a Feminist Aesthetics*
(London: Women's Press, 1989).

4. Natalie Kampen and Elizabeth G. Grossman, "Feminism and Methodology:
Dynamics of Change in the History of Aπ and Architecture" (Working Paper
no. 1212, Center for Research on Women, Wellesley College, Wellesley,
MA, 1983), 9ff; Cheryl Buckley,"Made in Patriarchy: Towards a Feminist
Analysis of Women and Design," *Design Issues* 3 (Autumn 1986): 10-12;
Abigail A. Van Slyck, "Women in Architecture and the Problems of
Biography," *Gender and Design*, special issue, *Design Book Review* 25
(Summer 1992): 19-22.

5. Amanda Baillieu, "Architecture Is the Loser if We Censor History:
Monographs Contribute to the Marginalisation of the Profession," *BDonline*,
January 30, 2015, http://www.bdonline.co.uk/comment/architecture-is-the-

loser-if-we-censor-history/5073506.article, retrieved January 30, 2015.

6. Helen Searing et al., "Equal and Unequal Partners, 1881-1970," in *Equal Partners: Men and Women Principals in Contemporary Architectural Practice* (Northampton, MA: Smith College Museum of Art, 1998), 22-39.

7. Denise Scott Brown, "Room at the Top: Sexism and the Star System in Architecture," in *Architecture: A Place for Women*, ed. Ellen Perry Berkeley and Matilda McQuaid (Washington, DC: Smithsonian Institution Press, 1989), 237-46.

8. Claire Potter, "Prikipedia? Or, Looking for the Women on Wikipedia," *Chronicle of Higher Education*, March 10, 2013, http://chronicle.com/blog network/tenuredradical , retrieved January 20, 2015.

9. Noam Cohen, "Define Gender Gap? Look Up Wikipedia's Contributor List," *New York Times*, January 30, 2011; Sue Gardner, "Nine Reasons Women Don't Edit Wikipedia (in Their Own Words)," S*ue Gardner's Blog*, February 19, 2011, http://suegardner.org/2011/02/19/nine-reasons-why-women-dont-edit-wikipedia-in-their-own-words, retrieved January 20, 2015.

10. Potter, "Prikipedia?"; Aviva Shen, "How Many Women Does It Take to Change Wikipedia?," *Smithsonian*, April 4, 2012, http://www. smithsonianmag. com/smithsonian-institution/how-many-women-does-it-take-to-change-wikipedia-171400755/?no-ist=, retrieved January 20, 2015.

11. "Thekla Schild," *Wikipedia*, https://de.wikipedia.org/wiki/Thekla_Schild, retrieved January 20, 2015.

12. Despina Stratigakos, "'I Myself Want to Build:' Women, Architectural Education and the Integration of Germany's Technical Colleges," *Paedagogica Historica* 43, no. 6 (2007): 727-56.

13. Mia Ridge, "New Challenges in Digital History: Sharing Women's History on Wikipedia," paper delivered at the Women's History in the Digital World Conference, Bryn Mawr College, Bryn Mawr, PA, March 23, 2013, http://repository.brynmawr.edu/greenfield_conference/papers/saturday/37, retrieved January 20, 2015.

14. Dynamic National Archive Collection, Beverly Willis Architecture Foundation, http://www.bwaf.org/dna, retrieved May 25 , 2015.

15. "List of Female Architects," *Wikipedia*, https://en.wikipedia.org/wiki/List_of_female_architects, retrieved January 21, 2015.

16. Amanda Filipacchi, "Wikipedia's Sexism Toward Female Novelists," *New*

York Times, April 24, 2013.

17. Joyce Carol Oates, quoted by James Gleick, "Wikipedia's Women Problem," *New York Review of Books Blog*, April 29, 2013, http://www.nybooks.com/bl ogs/nyrblog/2013/apr/29/wikipedia-women-problem, retrieved January 21, 2015.

18. "List of Arch itects," *Wikipedia*, https://en.wikipedia.org/wiki/List_of_architects, retrieved January 21, 2015.

19. Gleick, "Wikipedia's Women Problem."

20. Filipacchi, "Wikipedia's Sexism Toward Female Novelists."

21. *East of Borneo*, "Unforgetting L.A. #2: MAK Center for Art and Architecture," event held December 14, 2013, http://www.eastofborneo.org/unforgetting2, retrieved January 21, 2015.

22. Storefront for Art and Arch itecture, "Wwwriting Series: Digital Invisibles," http://www.storefrontnews.org/archive/2010?y=O&m=O&p=O&c=1O&e=616, retrieved January 22, 2015. The edit-a-thon event was also part of a broader exhibition held at Storefront for Art and Architecture, *Letters to the Mayor*, which asked fifty architects (among them, two men) to write letters expressing concerns about the future of urban landscapes to political leaders worldwide.

23. Sue Gardner, comment made on November 24, 2010, on "Unlocking the Clubhouse: Five Ways to Encourage Women to Edit Wikipedia," *Sue Gardner's Blog*, November 14, 2010, http://suegardner.org/2010/11/14/unlocking-the-clubhouse-five-ways-to-encourage-women-to-edit-wikipedia/#comments, retrieved January 22, 2015.

맺는 글 Conclusion

1. "Interview: Despina Stratigakos and Kelly Hayes McAlonie for Architect Barbie," *Mocoloco*, May 21, 2011, http://mocoloco.com/interview-despina-stratigakos-and-kelly-hayes-mcalonie-for-architect-barbie, retrieved May 25, 2015; Lira Luis, "Architect Barbie Adventures: Meeting Mr. Wright," *Atelier Lira Luis Blog*, July 2011, http://liraluis.blogspot.com/2011/07/architect-barbie -adventures-meeting-mr.html, retrieved May 25, 2015; Megan Basnak, "Canvassing the Campus with Architect Barbie," *Archinect Biogs*,

February 13, 2012, http://archinect.com/buffaloschool_stuudentlife/
canvassing-the-campus-with-architect-barbie, retrieved May 25, 2015.

2. Stratigakos, "Unforgetting Women Architects"; *ArchiteXX*, "Women.
Wikipedia. Design. #wikiD," event held on February 19, 2015, http://
architexx.org/women-wikiped ia-design-wikid, retrieved May 25, 2015.

3. Lori Brown, conversation with the author, March 19, 2015; "Down the
Rabbit Hole: (Miss)Adventures in Wikipedia," *Tracings: A Newsletter of the
Environmental Design Archives* 11, no. 1 (2015).

4. Patricia Arcilla, "#wikiD: Help ArchiteXX Add Women Architects to
Wikipedia," *ArchDaily*, February 25, 2015, http://www.archdaily.com/
?p=602663, retrieved March 31, 2015; "Grants: PEG/Parlour Inc/More
Female Architects on Wikipedia," https://meta.m.wikimedia.org/wiki/
Grants:IEG/More_Female_Architects_on_Wikipedia#What_is_your_
solution.3F, retrieved May 25, 2015.

5. Mark Lamster,"Why Are There Not Enough Women Architects?," *Dallas
Morning News*, August 29, 2014, http://artsblog.dallasnews.com/2014/08/
why-are-there-not-enough-women-architects.html, retrieved April 4, 2014
(refers to "Architect and Architectress," panel discussion held on August 25,
2014, at the Dallas Center for Architecture); Laura Mark, "Your Chance to
Win a Ticket for Sold-Out AJ Women in Architecture Luncheon," *Architects'
Journal*, January 29, 2015, http://www.architectsjournal.co.uk/news/
your-chance-to-win-a-ticket-for-sold-out-aj-women-in-architecture-
tuncheon/ 8677734.article, retrieved April 4, 2015 (refers to a "Women in
Architecture Luncheon" held on February 27, 2015, at Claridge's in
London); Los Angeles Chapter of the American Institute of Architects,
"AIA/LA Announces New Symposium on Women in Architecture:
Powerful," http://aialosangeles.businesscatalyst.com/article/powerful#.
VSBYQE10z6g, retrieved April 4, 2015 (refers to a "Powerful" symposium
held on February 27,2015, at the Annenberg Space for Photography Skylight
Studios in Los Angeles); "Women in Architecture," event held at Manchester
Metropolitan University Special Collections in Manchester, England, on
March 6, 2015, http://www.eventbrite.co.uk/e/women-in-architecture-
tickets-15400159291, retrieved April 4, 2015; "Women in Architecture
Forum and Awards," event held at the McGraw-Hill Financial Headquarters
in New York City, October 10, 2014, *construction*, http://construction.com/

events/2014/women-in-design, retrieved April 4, 2015; "Equity by Design: Knowledge, Discussion, Action!," symposium held at the San Francisco Art Institute on October 18, 2014, Missing 32% Project, http://the-missing32percent.com/equity-by-design-10- 18-14, retrieved April 4, 2015

6. Liam Otten, "Women in Arch itecture," Washington University in St. Louis Newsroom, October 31, 2014, https://news.wustl.edu/news/Pages/27622.aspx, retrieved April 2, 2015.

7. AIA San Francisco and Equity by Design Committee, *Equity by Design: Knowledge, Discussion, Action! 2014 Equity in Architecture Survey Report and Key Outcomes*, report prepared by Annelise Pitts, Rosa Sheng, Eirik Evenhouse, and Ruohnan Hu(San Francisco: AIA San Francisco, 2015), 23.

8. Rory Olcayto, "Discrimination Starts in the Studio," *Architects' Journal*, January 23, 2015, http://www.architectsjournal.co.uk/discrimination-starts-in-the-studio/8676381.article, retrieved April 4, 2015; Patricia Arcilla, "AJ's 2015 Women in Architecture Survey Says 'Pay Gap' Is Slowly Closing," *ArchDaily*, January 23, 2015, http://www.archdaily.com/?p=591058, retrieved April 2, 2015; Laura Mark, "Sexual Discrimination on the Rise—and Happening in Practices," *Architects' Journal*, January 23, 2015, http://www.architectsjournal.co.uk/events/wia/sexual-discrimination-on-the-rise-and-happening-in-practices/8675344.article?blocktitle=Women-in-Architecture-Survey-2015&contentID=12572, retrieved April 4, 2015; Laura Mark, "Glass Ceiling Remains for Women in Architecture," *Architects' Journal*, January 23, 2015, http://www.architectsjournal.co.uk/home/events/wia/glass-ceiling-remains-for-women-in-architecture/8675348.article, retrieved April 2, 2015. On diversity and large corporate architecture firms, see also Kathryn H. Anthony, *Designing for Diversity: Gender, Race, and Ethnicity in the Architectural Profession* (Urbana: University of Illinois Press,2001), 168-69.

9. Laura Mark, "Length of Training Huge Concern to Architecture Students," *Architects' Journal*, January 23, 2015, https://www.architectsjournal.co.uk/home/events/wia/lerigth-of-training-huge-concern-to-architecture-students/8675350.article, retrieved April 2, 2015; Laura Mark, "Pay Inequity Starts on Entry to Profession," *Architects' Journal*, January 23, 2015, http://www.architectsjournal.co.uk/home/events/wia/pay-inequality-starts-on-entry-to-profession/8675346.article, retrieved April 4, 2015.

참고문헌

A

Adams, Annmarie, and Peta Tancred. *"Designing Women": Gender and the Architectural Profession.* Toronto: University of Toronto Press, 2000.

Agrest, Diana. *Architecture from Without: Theoretical Framings for a Critical Practice.* Cambridge, MA: MIT Press, 1993.

Agrest, Diana, Patricia Conway, and Leslie Kanes Weisman, eds. *The Sex of Architecture.* New York: Abrams, 1996.

Ahrentzen, Sherry. "The Space between the Studs: Feminism and Architecture." *Signs* 29, no. 1 (2003): 179-206.

Ahrentzen, Sherry, and Kathryn H. Anthony. "Sex, Stars, and Studios: A Look at Gendered Educational Practices in Architecture." *Journal of Architectural Education* 47, no. 1 (1993): 11-29.

Ahrentzen, Sherry, and Linda N. Groat. "Rethinking Architectural Education: Patriarchal Conventions and Alternative Visions from the Perspectives of Women Faculty." *Journal of Architectural and Planning Research* 9, no. 2 (1992): 1-17.

AIA San Francisco and Equity by Design Committee. *Equity by Design: Knowledge, Discussion, Action! 2014 Equity in Architecture Survey Report and Key Outcomes.* Report prepared by Annelise Pitts, Rosa Sheng, Eirik Evenhouse, and Ruohnan Hu. San Francisco: AIA San Francisco, 2015.

Aileen. "Wanted: Women Architects! To Do Away with Domestic Difficulties." *Irish Times*, February 18, 1939.

Alexander, Ella. "Architect Barbie." *Vogue* (U.K.), March 1, 2011. http://www.vogue.co.uk/news/2011/03/01/barbie-the-architect-launches.

Allaback, Sarah. *The First American Women Architects.* Urbana: University of Illinois Press, 2008.

American Architectural Foundation. *"That Exceptional One": Women in American Architecture, 1888-1988.* Washington, DC: American Architectural Foundation, 1988.

American Builder and Journal of Art. "Women in Art." September 1, 1872, 52.

American Institute of Architects. "Resolution 15-1, Equity in Architecture." *2015 AIA National Convention and Design Exposition: Official Delegate Information Booklet*. Washington, DC: American Institute of Architects, 2015, 15-16.

———. "Women in Architecture Toolkit." October 2013. http://issuu.com/aiadiv/docs/women_in_architecture_toolkit.

American Institute of Architects LinkedIn Forum. "Fetish in Pink." March-June 2011. http://www.linkedin.com/groupItem?view=&srchtype=discussedNews&gid=113822&item=45564786&type=member&trk=eml-anet_dig-b_pd-ttl-cn.

Anderson, Becky. "At Last, It's Zaha Hadid's Time to Shine." *CNN International*, August 8, 2012. http://edition.cnn.com/2012/08/01/business/leading-women-zaha-hadid.

Anderson, Lamar. "How Women Are Climbing Architecture's Career Ladder." *Curbed*, March 17, 2014. http://curbed.com/archives/2014/03/17/how-women-are-climbing-architectures-career-ladder.php.

Anthony, Kathryn H. *Designing for Diversity: Gender, Race, and Ethnicity in the Architectural Profession*. Urbana: University of Illinois Press, 2001.

ArchDaily. "'Ladies (and Gents) Who Lunch with Architect Barbie' Event." October 13, 2011. http://www.archdaily.com/?p=175512.

Architects' Journal. *Women in Practice*. Special issue, *Architects' Journal*, January 12, 2012.

———. "Venturi Wins 1991 Pritzker Prize." April 17, 1991, 13.

Architectural Record. "Architectural Record Announces Winners of First Annual Women in Architecture Awards." August 12, 2014. http://archrecord.construction.com/news/2014/08/140812-architectural-record-winners-first-annual-women-in-architecture-awards.asp.

———. "Harvard Students Fire Back at Pritzker Jury's Response to Denise Scott Brown Petition." July 11, 2013. http://archrecord.construction.com/news/2013/07/130711-harvard-design-denise-scott-brown-petition-pritzker-jury.asp.

ArchiteXX. "Women. Wikipedia. Design. #wikiD," February 19, 2015. http://architexx.org/women-wikipedia-design-wikid.

Arcilla, Patricia. "AJ's 2015 Women in Architecture Survey Says 'Pay Gap' Is Slowly Closing." *ArchDaily*, January 23, 2015.

———. "#wikiD: Help ArchiteXX Add Women Architects to Wikipedia." *ArchDaily*, February 25, 2015. http://www.archdaily.com/?p=602663.

Art in America. "Zaha Hadid Wins Pritzker." May 2004, 45.

Attfield, Judy, and Pat Kirkham, eds. *A View from the Interior: Women and Design*. London: Women's Press, 1989.

B

Baillieu, Amanda. "Architecture Is the Loser if We Censor History: Monographs Contribute to the Marginalisation of the Profession." *BDonline*, January 30, 2015. http://www.bdonline.co.uk/comment/architecture-is-the-loser-if-we-censor-history/5073506.article.

Baker, Paula. "The Domestication of Politics: Women and American Political Society, 1780-1920." *American Historical Review* 89, no.3 (1984): 620-47.

Bartning, Otto. "Sollen Damen bauen?" [Should ladies build?] *Die Welt der Frau* (*Gartenlaube*), no. 40 (1911): 625-26.

Basnak, Megan. "Canvassing the Campus with Architect Barbie." *Archinect Blogs*, February 13, 2012. http://archinect.com/buffaloschool_stuudentlife/canvassing-the-campus-with-architect-barbie.

Battersby, Christine. Gender and Genius: Toward a Feminist Aesthetics. London: Women's Press, 1989.

Beck, Ernest. "Making the Mold: The Lack of Diversity in Architecture Isn't a Simple Problem, but There Are Better and Worse Ways to Approach the Issue." *Architect*, July 2, 2012. http://www.architectmagazine.com/practice/best-practices/making-progress-with-diversity-in-architecture_o.

Beem, Lulu Stoughton. "Women in Architecture: A Plea Dating from 1884." *Inland Architect* 15 (December 1971): 6.

Berkeley, Ellen Perry. "Women in Architecture." *Architectural Forum*, September 1972, 46-53.

Berkeley, Ellen Perry, and Matilda McQuaid, eds. *Architecture: A Place for Women*. Washington, DC: Smithsonian Institution Press, 1989.

Bethune, Louise. "Women and Architecture." *Inland Architect and News Record* 17, no. 2 (1891): 20-21.

Beverly Willis Architecture Foundation. "BWAF Rolls Out Leadership Awards." June 30, 2014. http://bwaf.org/bwaf-rolls-out-leadership-awards.

_____. "Industry Leaders Roundtable Program." http://bwaf.org/roundtable/roundtable-about.

Birkby, Phyllis. "Herspace." *Making Room: Women and Architecture*. Special issue, *Heresies* 3, no. 3, issue 11 (1981): 28-29.

Bloomer, Jennifer, ed. *Architecture and the Feminine: Mop-Up Work*. Special issue, Any, January/February 1994.

Bonomo, Josephine. "Architecture Is Luring Women." *New York Times*, April 2, 1977.

Boquiren, Lisa. "In Equality—Architect Barbie's Journey to the Pritzker." *Metropolis*, July 9, 2013. http://www.metropolismag.com/Point-of-View/July-2013/In-equality-Architect-Barbies-Journey-to-the-Pritzker.

———. "What Can a Toy Do for Architecture?" *Metropolis*, November 2011. http://www.metropolismag.com/Point-of-View/November-2011/What-can-a-toy-do-for-architecture.

Branch, Mark Alden. "The Medal-Go-Round." *Progressive Architecture*, October 1994, 65-69, 108.

Branton, Harriet. "The Forgotten Lady Architect." *Observer-Reporter* (Washington, PA), April 23, 1983.

British Architect. "Women as Architects." January 5, 1900, 16-17.

Brown, Lori, ed. *Feminist Practices: Interdisciplinary Approaches to Women in Architecture*. Farnham, Surrey, England: Ashgate, 2011.

Brown, Lori, and Nina Freedman. "Women in Architecture: Statistics for the Academy." *Indigogo*. https://www.indiegogo.com/projects/women-in-architecture.

Brown, Mabel. "Women in Profession: VII—Architecture." *San Francisco Chronicle*, September 24, 1905.

Buckley, Cheryl. "Made in Patriarchy: Towards a Feminist Analysis of Women and Design." *Design Issues* 3 (Autumn 1986): 3-14.

Building Age. "What a Woman Architect Could Do." January 1, 1911, 38.

Burns, Karen. "The Elephant in Our Parlour: Everyday Sexism in Architecture." *Archiparlour*, August 20, 2014. http://archiparlour.org/the-elephant-in-our-parlour-everyday-sexism-in-architecture.

———. "A Girl's Own Adventure: Gender in Contemporary Architectural Theory Anthology." *Journal of Architectural Education* 65, no. 2 (2012): 125-34.

———. "Who Wants to Be a Woman Architect?" *Archiparlour*, May 2, 2012. http://archiparlour.org/who-wants-to-be-a-woman-architect.

Bustillo, Miguel. "Search Is On for Hot Stuff." *Wall Street Journal*, December 8,

2011.

Butcher, Luke. "Architect Barbie." *Luke Butcher Blog*, April 6, 2011. http://lukebutcher.blogspot.com/2011/04/architect-barbie.html.

C

Capuzzo, Mike. "Plight of the Designing Woman." *Philadelphia Inquirer*, December 10, 1992.

Chen, Stefanos. "In Architecture, a Glass Ceiling." *Wall Street Journal* online, August 21, 2014. http://www.wsj.com/articles/in-architecture-a-glass-ceiling-1408633998.

Chicago Daily Tribune. "Successful Woman Architect." August 26, 1896.

_____. "These Girls Are Architects: Their Designs for a Hospital in San Francisco Have Been Accepted." December 15, 1894.

_____. "U. S. Women Architects Number 379, Count Shows." May 21, 1939.

Christian Science Monitor. "Shakespeare Memorial Design Explained by Woman Architect." January 6, 1928.

_____. "Women Architects." September 12, 1921.

Churchill, Bonnie. "Versatile Architect Wins Pritzker Prize." *Christian Science Monitor*, April 8, 1991.

Cincinnati Enquirer. "Women Architects." September 11, 1880.

Clark, Justine. "Six Myths about Women and Architecture." *Archiparlour*, September 6, 2014. http://archiparlour.org/six-myths-about-women-and-architecture.

Clausen, Meredith L. "The Ecole des Beaux-Arts: Toward a Gendered History." *Journal of the Society of Architecture Historians* 69, no. 2 (2010): 153-61.

Click. Directed by Frank Coraci. Culver City, CA: Columbia Pictures Corporation, 2006. DVD.

Coates, Nigel. "Sometimes You Have to Behave Like a Diva if You Want to Get Stuff Built." *Independent*, May 30, 2004.

Cohen, Jodi S. "Ground Zero of Affirmative Action Issue: As Michigan Voters Decide Whether Gender, Race Should Be Factors in Jobs and Admissions, the Outcome Could Affect the National Debate." *Chicago Tribune*, October 19, 2006.

Cohen, Noam. "Define Gender Gap? Look Up Wikipedia's Contributor List." *New York Times*, January 30, 2011.

Cohen, Philip. "More Women Are Doctors and Lawyers than Ever—but Progress Is Stalling." *Atlantic*, December 11, 2012. http://www.theatlantic.com/sexes/archive/2012/12/more-women-are-doctors-and-lawyers-than-ever-but-progress-is-stalling/266115.

Coleman, Debra, Elizabeth Danze, and Carol Henderson, eds. *Architecture and Feminism*. New York: Princeton Architectural Press, 1996.

Colomina, Beatriz, ed. *Sexuality and Space*. New York: Princeton Architectural Press, 1992.

Cooney, Kara. *The Woman Who Would Be King: Hatshepsut's Rise to Power in Ancient Egypt*. New York: Crown, 2014.

Countryside. "Women Architects." *Arthur's Home Magazine* 53 (June 1885): 368.

Cramer, Ned. "The Shigeru Ban Win Is a Big Deal." *Architect*, May 1, 2014. http://www.architectmagazine.com/architects/the-shigeru-ban-win-is-a-big-deal_o.aspx.

D

Daily Boston Globe. "Gropius Tells Lacks of Properly Built Homes." May 22, 1938.

Danze, Elizabeth, and Carol Henderson, eds. *Architecture and Feminism*. New York: Princeton Architectural Press, 1996.

Darley, Gillian. "A Stage of Her Own." *Guardian*, January 29, 2011.

Daussig, Fritz. "Ein weiblicher Architekt" [A female architect]. *Daheim* 45, no. 48 (1909): 11-14.

Davies, Catriona. "Denise Scott Brown: Architecture Favors 'Lone Male Genius' over Women." *CNN International*, May 29, 2013. http://edition.cnn.com/2013/05/01/business/denise-scott-brown-pritzker-prize.

[Davison, Thomas Raggles]. "May Women Practise Architecture?" *British Architect*, February 21, 1902.

De Graft-Johnson, Ann, Sandra Manley, and Clara Greed. *Why Do Women Leave Architecture?* Bristol: University of the West of England-Bristol, and London: Royal Institute of British Architects, 2003.

Derringer, Jaime. "Top 10 of 2011: Design." *USA Character Approved Blog*, December 7, 2011. http://www.characterblog.com/design/top-10-of-2011-design.

Dezeen Magazine. "Denise Scott Brown Demands Pritzker Recognition." March

27, 2013. http://www.dezeen.com/2013/03/27/denise-scott-brown-demands
-pritzker-recognition.

Doumato, Lamia. *Women as Architects: A Historical View*. Monticello, IL: Vance
Bibliographies, 1978.

Duffy, Robert W. "Iraqi Native Is First Woman to Win Prestigious Prize for
Architecture." St. *Louis Post-Dispatch*, March 22, 2004.

Duncan, Jane. "Why Are So Many Women Leaving Architecture?" *Guardian*,
August 7, 2013. http://www.theguardian.com/women-in-leadership/2013/
aug/07/women-leaving-architecture-profession.

Durning, Louise, and Richard Wrigley. *Gender and Architecture*. Chichester,
England: Wiley, 2000.

E

East of Borneo. "Unforgetting L.A. #2: MAK Center for Art and Architecture."
http://www.eastofborneo.org/unforgetting2.

Edelman, Judith. "Task Force on Women: The AIA Responds to a Growing
Presence." In *Architecture: A Place for Women*, ed. Ellen Perry Berkeley and
Matilda McQuaid, 117-23. Washington, DC: Smithsonian Institution Press,
1989.

Elle Decor. "What We Love." July-August 2011, 30.

Ennis, Thomas W. "Women Gain Role in Architecture: Profession Yields
Slowly." *New York Times*, March 13, 1960.

Erskine, Lucile. "Woman in Architecture." Cincinnati Enquirer, October 8, 1911.

Esperdy, Gabrielle. "The Incredible True Adventures of the Architectress in
America." *Places Journal*, September 2012. http://placesjournal.org/article/
the-incredible-true-adventures-of-the-architectress-in-america.

F

Fenten, D. X. *Ms. Architect*. Philadelphia: Westminster, 1977.

Filipacchi, Amanda. "Wikipedia's Sexism toward Female Novelists." *New York
Times*, April 24, 2013.

Filler, Martin. "Eyes on the Prize." New Republic, April 26 and May 3, 1999,
86-94.

Finch, Lauren. "Dreaming of the Future: AIA Chicago Joins CPS [Chicago Public
Schools] for Inaugural Barbie Architect Workshop." *Chicago Architect*,

January/ February 2013. http://mydigimag.rrd.com/article/Dreaming_of_the_ Future/ 1275362/140831/article.html.

Forgey, Benjamin. "Hadid Is First Woman to Win Pritzker Prize." *Washington Post*, March 22, 2004.

Fowler, Bridget, and Fiona Wilson. "Women Architects and Their Discontents." *Sociology* 38, no. 1 (2004): 101-19.

Frangos, Alex. "A Year after Pritzker, Doors Are Open for Architect." *Wall Street Journal*, March 23, 2005.

Fraser, Graham. "Architecture Students Abused, Report Says: Teaching Environment at Carleton School Called Discriminatory, Unprofessional, Sexist." *Globe and Mail*, December 23, 1992.

Friedman, Alice. "A Feminist Practice in Architectural History?" *Gender and Design*. Special issue, *Design Book Review* 25 (Summer 1992): 16-18.
———. *Women and the Making of the Modern House: A Social and Architectural History*. New Haven, CT: Yale University Press, 2007.

Frost, Henry Atherton, and William Richard Sears. *Women in Architecture and Landscape Architecture*. Northampton, MA: Smith College, 1928.

Futterman, Ellen. "Women in Architecture: 100 Years and Counting." *St. Louis Post- Dispatch*, May 7, 1989.

G

Gallagher, John. "Designer Rejects Rational Order, Becomes First Woman to Win Pritzker Prize." *Knight Ridder Tribune Business News*, April 8, 2004.

Gardner, Sue. "Nine Reasons Women Don't Edit Wikipedia (in Their Own Words)." *Sue Gardner's Blog*, February 19, 2011. http://suegardner.org/ 2011/02/ 19/nine-reasons-why-women-dont-edit-wikipedia-in-their-own-words.
———. "Unlocking the Clubhouse: Five Ways to Encourage Women to Edit Wikipedia." *Sue Gardner's Blog*, November 14, 2010. http://suegardner. org/2010/ 11/14/unlocking-the-clubhouse-five-ways-to-encourage-women-to-edit-wikipedia/#comments.

Garfinkle, Charlene G. "Women at Work: The Design and Decoration of the Woman's Building at the 1893 World's Columbian Exposition." Ph.D. diss., University of California, Santa Barbara, 1996.

Genevro, Rosalie, and Anne Rieselbach. "A Conversation with Susana Torre." Architectural League of New York Web Feature, *Women in American*

Architecture: 1977 and Today. http://archleague.org/2013/09/susana-torre.

Genz, Stéphanie, and Benjamin A. Brabon. *Postfeminism: Cultural Texts and Theories*. Edinburgh, Scotland: Edinburgh University Press, 2009.

Ghirardo, Diane. "Cherchez la femme: Where Are the Women in Architectural Studies?" In *Desiring Practices: Architecture, Gender and the Interdisciplinary*, ed. Katerina Rüedi, Sarah Wigglesworth, and Duncan McCorquodale, 156-73. London: Black Dog, 1996.

Gius, Barbara. "Women Virtually Absent in Field of Architecture." *Los Angeles Times*, March 16, 1975.

Glancey, Jonathan. "The Best Architecture of 2011: Jonathan Glancey's Choice." *Guardian*, December 5, 2011.

Gleick, James. "Wikipedia's Women Problem." *New York Review of Books Blog*, April 29, 2013. http://www.nybooks.com/blogs/nyrblog/2013/apr/29/wikipedia-women-problem.

Globe and Mail. "Women Architects Needed." April 24, 1962.

Goldberger, Paul. "Women Architects Building Influence in a Profession That Is 98.8% Male. *New York Times*, May 18, 1974.

Greed, Clara H. *Women and Planning: Creating Gendered Realities*. London: Routledge, 1994.

Griffiths, Diana. "A Lost Legacy." *Archiparlour*, April 18, 2012. http://archiparlour.org/authors/diana-griffiths.

Groat, Linda N., and Sherry B. Ahrentzen. "Voices for Change in Architectural Education: Seven Facets of Transformation from the Perspectives of Faculty Women." *Journal of Architectural Education* 50, no. 4 (1997): 271-85.

Guerrilla Girls. *The Guerrilla Girls' Bedside Companion to the History of Western Art*. New York: Penguin, 1998.

H

Harris, Melissa. "Mattel Launching Computer Engineer Barbie: Society of Women Engineers CEO Helps Design New Career Doll." *Chicago Tribune*, April 14, 2010.

Hartmann, Margaret. "New Architect Barbie Designs Her Own Dream House." *Jezebel*, February 22, 2011. http://jezebel.com/5766877/new-architect-barbie-designs-her-own-dream-house.

Hayden, Dolores. *The Grand Domestic Revolution: A History of Feminist*

Designs for American Homes, Neighborhoods, and Cities. Cambridge, MA: MIT Press, 1981.

Heathcote, Edwin. "'Some Must Think I Deserve It.'" *Financial Times*, May 25, 2004. Henderson, Carol. "Robert Venturi: No Architect Is An Island." Letter to the editor, *New York Times*, May 19, 1991.

Hewitt, Karen. "Does Architect Barbie Play with Blocks?" *Learning Materials Workshop Blog*, February 22, 2011. http://learningmaterialswork.com/ blog/2011/ 02/does-architect-barbie-play-with-blocks.

Heynen, Hilde. "Genius, Gender and Architecture: The Star System as Exemplified in the Pritzker Prize." *Women, Practice, Architecture*. Special issue, *Architectural Theory Review* 17, nos. 2-3 (2012): 331-45.

Heynen, Hilde, and Gülsüm Baydar, eds. *Negotiating Domesticity: Spatial Productions of Gender in Modern Architecture*. London: Routledge, 2005.

Hicks, Margaret. "The Tenement-House Problem—II." *American Architect and Building News*, July 31, 1880.

Holan, Jerri. "Architect Barbie: Role Model or Ridiculous?" *UrbDeZine San Francisco*, November 30, 2011. http://sanfrancisco.urbdezine.com/2011/11/30/ architect-barbie-role-model-or-ridiculous.

Horton, Guy. "Pritzker Prize Rejects Denise Scott Brown." *Huffington Post*, June 17, 2013. http://www.huffingtonpost.com/guy-horton/pritzker-prize-rejects-de_ b_3445457.html.

Horton, Inge Schaefer. *Early Women Architects of the San Francisco Bay Area: The Lives and Work of Fifty Professionals, 1890-1951*. Jefferson, NC: McFarland, 2010.

Hughes, Francesca, ed. *The Architect: Reconstructing Her Practice*. Cambridge, MA: MIT Press, 1998.

Huxtable, Ada Louise. "The Last Profession to Be 'Liberated' by Women." *New York Times*, March 13, 1977.

I

indesignlive. "Architect Barbie." February 24, 2011. http://www.indesignlive. com/articles/in-review/architect-barbie.

Innis, Sherrie A. "Barbie Gets a Bum Rap: Barbie's Place in the World of Dolls." In *The Barbie Chronicles: A Living Doll Turns Forty*, ed. Yona Zeldis McDonough, 177-81. New York: Touchstone, 1999.

Irish Times. "A Little Imagination Could Improve Look of 'Suburbia.'" June 2, 1972.

Italcementi Group. "arcVision Prize—Women and Architecture." February 8, 2013. http://www.italcementigroup.com/ENG/Media+and+Communication / News/Building+and+Architecture/20130208.htm.

Ivy, Robert. "Beyond Style." Editorial, *Architectural Record*, May 1, 2004, 17.

J

Jeffries, Stuart. "Maybe They're Scared of Me: Zaha Hadid Was Once Famous for Not Getting Anything Built." *Guardian*, April 26, 2004.

Johnson, Carolyn R. *Women in Architecture: An Annotated Bibliography and Guide to Sources of Information*. Monticello, IL: Council of Planning Librarians, 1974.

Journal of the Society of Architects. "Architecture as a Profession for Women." Vol. 5, no. 53 (1912): 188-89.

———. "Why Not Women Architects? Great Demand and No Supply." Vol. 6, no. 70 (1913): 393-94.

K

Kaji-O'Grady, Sandra. "Does Motherhood + Architecture = No Career?" *ArchitectureAU*, November 20, 2014. http://architectureau.com/articles/ does-motherhood-architecture-no-career.

Kampen, Natalie, and Elizabeth G. Grossman. "Feminism and Methodology: Dynamics of Change in the History of Art and Architecture." Working Paper no. 1212, Center for Research on Women, Wellesley College, Wellesley, MA, 1983.

Kats, Anna. "The Architecture Community Responds to Pritzker's Denise Scott Brown Verdict." *Blouin ArtInfo*, June 18, 2013. http://blogs.artinfo.com/ objectlessons/2013/06/18/the-architecture-community-responds-to-pritzkers-denise-scott-brown-verdict.

Kay, Jane Holtz. "Women Architects—A Liberated Elite?" *Boston Globe*, September 13, 1970.

Kennedy, Margit. "Seven Hypotheses on Female and Male Principles in Architecture." *Making Room: Women and Architecture*. Special issue, *Heresies* 3, no. 3, issue 11 (1981): 12-13.

Kingsly, Karen. "Rethinking Architectural History from a Gender Perspective."
In *Voices in Architectural Education: Cultural Politics and Pedagogy*, ed.
Thomas A. Dutton, 249-64. New York: Bergin and Garvey, 1991.

Kirkham, Pat, ed. *Women Designers in the USA: 1900-2000*. New Haven, CT:
Yale University Press, 2000.

Kostof, Spiro, ed. *The Architect: Chapters in the History of the Profession*. New
York: Oxford University Press, 1977.

L

Lamster, Mark. "Why Are There Not Enough Women Architects?" *Dallas
Morning News*, August 29, 2014. http://artsblog.dallasnews.com/2014/08/
why-are-there-not-enough-women-architects.html.

Lane, Jessica. "The Audacity of Architect Barbie." EHDD, March 3, 2011. http://
www.ehdd.com/4440.

Lange, Alexandra. "Architecture's Lean In Moment." *Metropolis Magazine*,
July-August 2013, 58-59, 78-81.

———. "Girl Talk." *Dwell*, July-August 2012, 92-94.

Levinson, Nancy. "Architect Barbie." *Design Observer*, February 18, 2011. http://
designobserver.com/feature/architect-barbie/24718.

Lipowicz, Alice. "Architects Make Gains, but Few Elevated to Top." *Crain's New
York Business* 17, no. 25 (2001): 32.

Lobell, Mimi. "The Buried Treasure: Women's Ancient Architectural Heritage."
In *Architecture: A Place for Women*, ed. Ellen Perry Berkeley and Matilda
McQuaid, 139-57. Washington, DC: Smithsonian Institution Press, 1989.

Loper, Mary Lou. "Wanted: More Women Architects." *Los Angeles Times*,
November 11, 1960.

Lui, Ann Lok. "Working in the Shadows: Did the Pritzker Slight Wang Shu's
Wife, Lu Wenyu?" *Architect's Newspaper*, April 25, 2012. http://www.
archpaper.com/news/articles.asp?id=6016#.VLQazSvF-So.

Luis, Lira. "Architect Barbie Adventures: Meeting Mr. Wright." *Atelier Lira Luis
Blog*, July 2011. http://liraluis.blogspot.com/2011/07/architect-barbie-
adventures-meeting-mr.html.

M

Maasberg, Ute, and Regina Prinz. *Die Neuen kommen! Weibliche Avantgarde in*

der Architektur der zwanziger Jahre [Here come the new ones! Female
avantgardists in 1920s architecture]. Hamburg: Junius, 2004.

Making Room: Women and Architecture. Special issue, *Heresies* 3, no. 3, issue 11
(1981).

Manchester Guardian. "Woman Architect's Prize: Winning Design for New
Shakespeare Memorial Theater." January 6, 1928.

Mark, Laura. "AJ Women in Architecture Awards." *Architects' Journal,*
November 25, 2014. http://www.architectsjournal.co.uk/news/aj-women-in-
architecture-awards-deadline-extended/8671996.article.

_____. "Bullying on the Rise in Architecture School." *Architects' Journal,*
January 10, 2014. https://www.architectsjournal.co.uk/home/events/wia/
bullying-on-the-rise-in-architecture-school/8657351.article.

_____. "88% Women Say Having Children Puts Them at a Disadvantage."
Architects' Journal, January 10, 2014. https://www.architectsjournal.co.uk/
home/events/wia/88-women-say-having-children-puts-them-at-
disadvantage/8657348.article.

_____. "Gender Pay Gap:'Beyond Shocking.'" *Architects' Journal,* May 2,
2014. http://www.architectsjournal.co.uk/news/gender-pay-gap-beyond-
shocking/8662077.article.

_____. "Gender Pay Gap Worst in America." *Architects' Journal,* January 10,
2014. http://www.architectsjournal.co.uk/home/events/wia/gender-pay-gap-
worst-in-america/8657355.article.

_____. "Glass Ceiling Remains for Women in Architecture." *Architects' Journal,*
January 23, 2015. http://www.architectsjournal.co.uk/home/events/wia/
glass-ceiling-remains-for-women-in-architecture/8675348.article.

_____. "Length of Training Huge Concern to Architecture Students." *Architects'
Journal,* January 23, 2015. https://www.architectsjournal.co.uk/home/events/ wia/
length-of-training-huge-concern-to-architecture-students/8675350.article.

_____. "Pay Gap Widens: Women Architects Earn Less than Men." *Architects'
Journal,* January 10, 2014. https://www.architectsjournal.co.uk/home/events/wia/
pay-gap-widens-women-architects-earn-less-than-men/8657346.article.

_____. "Pay Inequity Starts on Entry to Profession." *Architects' Journal,*
January 23, 2015. http://www.architectsjournal.co.uk/home/events/wia/
pay-inequality-starts-on-entry-to-profession/8675346.article.

_____. "Sexual Discrimination on the Rise—and Happening in Practices."

Architects' Journal, January 23, 2015. http://www.architectsjournal.co.uk/
events/wia/sexual-discrimination-on-the-rise-and-happening-in-practices/
8675344.article?blocktitle=Women-in-Architecture-Survey-2015&
contentID=12572.

———. "Sexual Discrimination on the Rise for Women in Architecture."
Architects' Journal, January 10, 2014. https://www.architectsjournal.co.uk/
home/events/wia/sexual-discrimination-on-the-rise-for-women-in-
architecture/8657345.article.

———. "Survey Shows Shocking Lack of Respect for Women Architects."
Architects' Journal, January 10, 2014. https://www.architectsjournal.co.uk/
survey-shows-shocking-lack-of-respect-for-women-architects/8657343.article.

———. "Your Chance to Win a Ticket for Sold-Out AJ Women in Architecture
Luncheon." *Architects' Journal*, January 29, 2015. http://www.architects-
journal.co.uk/news/your-chance-to-win-a-ticket-for-sold-out-aj-women-in-
architecture-luncheon/8677734.article.

Marshall, Mary. "The Call of Architecture for Women Workers: Women Have to
Be Housekeepers—Why Should Men Plan the House?" *New York Tribune*,
August 3, 1912.

Martin, Brenda, and Penny Sparke, eds. Women's Places: Architecture and
Design, 1860-1960. Abingdon, Oxon, England: Routledge, 2003.

Matthewson, Gill. "'Nothing Else Will Do': The Call for Gender Equality in
Architecture in Britain." *Women, Practice*, Architecture. Special issue,
Architectural Theory Review 17, nos. 2-3 (2012): 245-59.

Matrix. *Making Space: Women and the Man Made Environment*. London: Pluto,
1984.

McDonough, Yona Zeldis, ed. *The Barbie Chronicles: A Living Doll Turns Forty*.
New York: Touchstone, 1999.

McGuigan, Cathleen, and Laura Raskin. "AIA 2013: National AIA Votes to
Allow Two Individuals to Win Gold Medal." *Architectural Record*, June 4,
2013. http://archrecord.construction.com/news/2013/06/130604-new-york-aia-
chapter-recommends-a-change-to-gold-medal-rules.asp.

McLeod, Mary, "Reflections on Feminism and Modern Architecture." *Harvard
Design Magazine*, Spring/Summer 2004, 64-67.

McQuaid, Matilda, and Magdalene Droste. *Lilly Reich: Designer and Architect*.
New York: Museum of Modern Art, 1996.

Meisels, Sophia Saravamartha. "Half of Greek Architects Are Women." *Jerusalem Post*, December 24, 1967.

Minter, Harriet. "Sexism in Architecture: On the Rise." *Guardian*, January 13, 2014. http://www.theguardian.com/women-in-leadership/2014/jan/13/women-in-architecture-sexism.

Miranda, Carolina A. "Pritzker Architecture Prize Committee Denies Honors for Denise Scott Brown." Architect, June 14, 2013. http://www.architectmagazine.com/design/pritzker-architecture-prize-committee-refuses-to-honor-denise-scott-brown.aspx.

Mitchell, Josh. "Women Notch Progress: Females Now Constitute One-Third of Nation's Ranks of Doctors and Lawyers." *Wall Street Journal*, December 4, 2012.

Mizra and Nacey Research. *The Architectural Profession in Europe, 2014: A Sector Study Commissioned by the Architects' Council of Europe*. Brussels: Architects' Council of Europe, 2015. http://www.ace-cae.eu/fileadmin/New_Upload/7._Publications/Sector_Study/2014/EN/2014_EN_FULL.pdf.

Mocoloco. "Interview: Despina Stratigakos and Kelly Hayes McAlonie for Architect Barbie." May 21, 2011. http://mocoloco.com/interview-despina-stratigakos-and-kelly-hayes-mcalonie-for-architect-barbie.

Modern Review. "Where Are the Women Architects?" September 1923, 355.

Moonan, Wendy. "AIA Awards 2014 Gold Medal to Julia Morgan." *Architectural Record*, December 16, 2013. http://archrecord.construction.com/news/2013/12/131216-aia-awards-2014-gold-medal-to-julia-morgan.asp.

Morris, Yvette. "Q&A with Tamarah Begay, AIA: Navajo Nation Architect, Barbie Ambassador." *AIArchitect*, August 23, 2013. http://www.aia.org/practicing/AIAB099854.

Mosse, Kate. "History." Baileys Women's Prize for Fiction. http://www.womensprize forfiction.co.uk/about/history.

Muschamp, Herbert. "An Iraqi-Born Woman Wins Pritzker Architecture Award." *New York Times*, March 22, 2004.

_____. "Woman of Steel: Getting Her Architecture Built Was Zaha Hadid's Most Formidable Challenge." *New York Times*, March 28, 2004.

N

National Architectural Accrediting Board. *2014 Annual Report from the National*

Architectural Accrediting Board, Inc., Part I: Programs, Students, and Degrees. Washington, DC: National Architectural Accrediting Board, 2015.

_____. *2014 Annual Report from the National Architectural Accrediting Board, Inc., Part III: Faculty.* Washington, DC: National Architectural Accrediting Board, 2015.

National Council of Architectural Registration Boards. *2014 NCARB by the Numbers.* Washington, DC: National Council of Architectural Registration Boards, 2014. http://www.ncarb.org/About-NCARB/~/media/Files/PDF/Special-Paper/NCARB_by_the_Numbers_2014.ashx.

New York Times. "Women Architects Win Chicago Prize: Best Plans for a Neighborhood." March 6, 1915.

_____. "Women Gain Slowly in Technical Fields." January 17, 1949.

New York Tribune. "Planned by Two Women: Model Tenement-Houses to Be Built Soon in This City." February 24, 1895.

O

O'Hare, Marita. "Foreword." In *Women in American Architecture: A Historic and Contemporary Perspective*, ed. Susana Torre, 6-7. New York: Whitney Library of Design, 1977.

Olcayto, Rory. "Discrimination Starts in the Studio." *Architects' Journal*, January 23, 2015. http://www.architectsjournal.co.uk/discrimination-starts-in-the-studio/8676381.article.

_____. "Pritzker Prize: Denise Scott Brown Should Have Won in '91." *Architects' Journal*, March 19, 2013.

Oldershaw, Barbara. "Developing a Feminist Critique of Architecture." *Gender and Design.* Special issue, Design Book Review 25 (Summer 1992): 7-15.

One Fine Day. Directed by Michael Hoffman, 1996. Los Angeles, CA: 20th Century Fox, 2003. DVD.

Orenstein, Peggy. *Cinderella Ate My Daughter: Dispatches from the Front Lines of the New Girlie-Girl Culture.* New York: HarperCollins, 2011.

Otten, Liam, "Women in Architecture." Washington University in St. Louis Newsroom, October 31, 2014. https://news.wustl.edu/news/Pages/27622.aspx.

Ouroussoff, Nicolai. "First Woman Wins Pritzker." *Los Angeles Times*, March 22, 2004.

P

Paine, Judith. "Pioneer Women Architects." In *Women in American Architecture: A Historic and Contemporary Perspective*, ed. Susana Torre, 54-69. New York: Whitney Library of Design, 1977.

Pogrebin, Robin. "Partner without the Prize." *New York Times*, April 17, 2013.

———. "Pritzker Architecture Prize Goes to Shigeru Ban." *New York Times*, March 24, 2014.

Poore, Nancy. "Woman Architect Cashes in on Design Talent." *Chicago Tribune*, March 13, 1966.

Potter, Claire. "Prikipedia? Or, Looking for the Women on Wikipedia." *Chronicle of Higher Education*, March 10, 2013. http://chronicle.com/blognetwork/tenuredradical.

Pritzker Architecture Prize. "Architect Robert Venturi Is Named the 1991 Pritzker Architecture Prize Laureate." http://www.pritzkerprize.com/1991/announcement.

———. "Architectural Partners in Japan Become the 2010 Pritzker Architecture Prize Laureates." http://www.pritzkerprize.com/2010/announcement.

Proceedings of the West Coast Women's Design Conference, April 18-20, 1974, University of Oregon. N.p.: West Coast Women's Design Conference, 1975.

QR

Quindlen, Anna. "Barbie at 35." In *The Barbie Chronicles: A Living Doll Turns Forty*, ed. Yona Zeldis McDonough, 117-19. New York: Touchstone, 1999.

Rand, Ayn. *The Fountainhead*. New York: Signet, 1993.

Reif, Rita. "Fighting the System in the Male-Dominated Field of Architecture." *New York Times*, April 11, 1971.

———. "Women Architects, Slow to Unite, Find They're Catching Up with Male Peers." *New York Times*, February 26, 1973.

Rendell, Jane, Barbara Penner, and Iain Borden. *Gender, Space, Architecture: An Interdisciplinary Introduction*. London: Routledge, 2000.

Richardson, Anne. "Half the Mothers I Know Have Been Driven from Their Jobs." *Guardian*, August 8, 2013. http://www.theguardian.com/money/2013/aug/08/workplace-discrimination-pregnant-women-mothers-common.

Ridge, Mia. "New Challenges in Digital History: Sharing Women's History on Wikipedia." Paper delivered at the Women's History in the Digital World

Conference, Bryn Mawr College, Bryn Mawr, PA, March 23, 2013. http://repository.brynmawr.edu/greenfield_conference/papers/saturday/37.

Roehrig, Catharine H., Renée Dreyfus, and Cathleen A. Keller, eds. *Hatshepsut, From Queen to Pharaoh*. New York: Metropolitan Museum of Art, and New Haven, CT: Yale University Press, 2005.

Rosenfield, Karissa. "Shereen Sherzad Wins the 2014 Tamayouz Women in Architecture and Construction Award." *ArchDaily*, November 4, 2014. http://www.archdaily.com/?p=563900.

Rüedi, Katerina, Sarah Wigglesworth, and Duncan McCorquodale, eds. *Desiring Practices: Architecture, Gender and the Interdisciplinary*. London: Black Dog, 1996.

S

Saint, Andrew. *The Image of the Architect*. New Haven, CT: Yale University Press, 1983.

Sandberg, Sheryl. *Lean In: Women, Work, and the Will to Lead*. New York: Knopf, 2013.

Sanders, James. "Robert Venturi: Denise Scott Brown: An Architectural Team to Reshape the American Landscape." *Los Angeles Times*, August 18, 1991.

Sanders, Joel, ed. *Stud: Architectures of Masculinity*. New York: Princeton Architectural Press, 1996.

Scheffler, Karl. *Die Frau und die Kunst* [Woman and art]. Berlin: Julius Bard, 1908.

_____. "Vom Beruf und von den Aufgaben des modernen Architekten" [On the profession and responsibilities of the modern architect]. 2 parts. *Süddeutsche Bauzeitung* 19, no. 13 (1909): 97-103, and no. 14, 106-10.

Schmidt, Peter. "Michigan Overwhelmingly Adopts Ban on Affirmative-Action Preferences." *Chronicle of Higher Education*, November 17, 2006, A23-A24.

Schriener, Judy. "Architect Barbie in the Offing?" *Construction*, December 5, 2002. http://www.construction.com/NewsCenter/it/archive/20021205apf.asp. Site no longer working.

Scott Brown, Denise. "Room at the Top: Sexism and the Star System in Architecture." In *Architecture: A Place for Women*, ed. Ellen Perry Berkeley and Matilda McQuaid, 237-46. Washington, DC: Smithsonian Institution Press, 1989.

_____. "Sexism and the Star System in Architecture: A Lecture by Denise Scott Brown." Synopsis published in *Proceedings of the West Coast Women's Design Conference, April 18-20, 1974, University of Oregon*. N.p.: West Coast Women's Design Conference, 1975, 20-21.

Searing, Helen, et al. "Equal and Unequal Partners, 1881-1970." In *Equal Partners: Men and Women Principals in Contemporary Architectural Practice*. Northampton, MA: Smith College Museum of Art, 1998, 22-39.

_____. *Equal Partners: Men and Women Principals in Contemporary Architectural Practice*. Northampton, MA: Smith College Museum of Art, 1998.

Shen, Aviva. "How Many Women Does It Take to Change Wikipedia?" *Smithsonian*, April 4, 2012. http://www.smithsonianmag.com/smithsonian-institution/how-many-women-does-it-take-to-change-wikipedia-171400755/?no-ist=.

Sheng, Rosa. "Equity by Design: AtlAIAnta! Convention Recap." *Equity by Design : Missing 32 Percent Blog*, May 17, 2015. http://themissing32 percent.com/blog/2015/5/17/equity-by-design-aia-convention-atlanta-recap.

Sieder, Jill Jordan. "A Building of Her Own." *U.S. News and World Report*, October 14, 1996, 66-68.

Simon, Cathy. "Women in Architecture: What Are We Doing Here?" *Contract* 45, no. 3 (2003): 94.

Sparke, Penny. *As Long as It's Pink: The Sexual Politics of Taste*. London: HarperCollins, 1995.

Storefront for Art and Architecture. "Wwwriting Series: Digital Invisibles." http://www.storefrontnews.org/archive/2010?y=0&m=0&p=0&c=10&e=616.

Stratigakos, Despina. "Architects in Skirts: The Public Image of Women Architects in Wilhelmine Germany." *Journal of Architectural Education* 55, no. 2 (2001): 90-100.

_____. "The Good Architect and the Bad Parent: On the Formation and Disruption of a Canonical Image." *Journal of Architecture* 13, no. 3 (2008): 283-96.

_____. "'I Myself Want to Build': Women, Architectural Education and the Integration of Germany's Technical Colleges." *Paedagogica Historica* 43, no. 6 (2007): 727-56.

_____. "The Uncanny Architect: Fears of Lesbian Builders and Deviant Homes in Modern Germany." In *Negotiating Domesticity: Spatial Productions of Gender in Modern Architecture*, ed. Hilde Heynen and Gülsüm Baydar, 145-61. London: Routledge, 2005.

———. "Unforgetting Women Architects: From Pritzker to Wikipedia." *Places Journal*, June 2013. http://places.designobserver.com/feature/unforgetting-women-architects-from-pritzker-to-wikipedia/37912.

———. "What I Learned from Architect Barbie," *Places Journal*, June 2011, http://places.designobserver.com/feature/what-i-learned-from-architect-barbie/27638.

———. "Women and the Werkbund: Gender Politics and German Design Reform, 1907-14." *Journal of the Society of Architectural Historians* 62, no. 4 (2003): 490-511.

———. A Women's Berlin. Minneapolis: University of Minnesota Press, 2008.

Sun (Baltimore). "Closet Wonders." June 11, 1911.

Suominen-Kokkonen, Renja. *The Fringe of a Profession: Women as Architects in Finland from the 1890s to the 1950s*. Trans. Jüri Kokkonen. Helsinki, 1992.

T

Times Pictorial (*Irish Times*). "Women Should Design Houses." February 21, 1953.

Torre, Susana. "Introduction: A Parallel History." In *Women in American Architecture: A Historic and Contemporary Perspective*, ed. Susana Torre, 10-13. New York: Whitney Library of Design, 1977.

———. "Women in Architecture and the New Feminism." In *Women in American Architecture: A Historic and Contemporary Perspective*, ed. Susana Torre, 148-61. New York: Whitney Library of Design, 1977.

———, ed. *Women in American Architecture: A Historic and Contemporary Perspective*. New York: Whitney Library of Design, 1977.

Tracings: A Newsletter of the Environmental Design Archives. "Down the Rabbit Hole: (Miss)Adventures in Wikipedia." Vol. 11, no. 1 (2015).

Troiani, Igea. "Zaha: An Image of 'The Woman Architect.'" Women, Practice, Architecture. Special issue, *Architectural Theory Review* 17, nos. 2-3 (2012): 346-64.

UV

U.S. Bureau of Labor Statistics. "Household Data Annual Averages," 2014. http://www.bls.gov/cps/cpsaat39.pdf.

Van Slyck, Abigail A. "Women in Architecture and the Problems of Biography." *Gender and Design*. Special issue, *Design Book Review* 25 (Summer 1992): 19-22.

W

Wainwright, Oliver. "Zaha Hadid's Sport Stadiums:'Too Big, Too Expensive, Too Much Like a Vagina.'" *Guardian*, November 28, 2013. http://www.theguardian.com/artanddesign/2013/nov/28/zaha-hadid-stadiums-vagina.

Waite, Richard. "Call for Denise Scott Brown to Be Given Pritzker Recognition." *Architects' Journal*, March 21, 2013.

_____. "Video Exclusive: Denise Scott Brown on Why She Deserves Pritzker Recognition." *Architects' Journal*, April 10, 2013. http://www.architects journal.co.uk/video-exclusive-denise-scott-brown-on-why-she-deserves-pritzker-recognition/8645333.article.

_____. "'Women Need to Support Each Other,' Says Zaha after Winning Jane Drew Prize." *Architects' Journal*, April 20, 2012. http://www.architects journal.co.uk/news/daily-news/women-need-to-support-each-other-says-zaha-after-winning-jane-drew-prize/8629310.article.

Waite, Richard, and Ann-Marie Corvin. "Shock Survey Results as the AJ Launches Campaign to Raise Women Architects' Status." *Architects' Journal*, January 16, 2012. http://www.architectsjournal.co.uk/news/daily-news/shock-survey-results-as-the-aj-launches-campaign-to-raise-women-architects-status/8624748.article.

Walker, Alissa. "Architecture Is Tough! Will Architect Barbie Help More Women BecomeDesigners?" *Good.is*, March 3, 2011. http://magazine.good.is/articles/architecture-is-tough-will-architect-barbie-help-more-women-become-designers.

Walker, Lynne. "Women Architects." In *A View From the Interior: Women and Design*, ed. Judy Attfield and Pat Kirkham, 90-105. London: Women's Press, 1995.

Washington Post. "The Woman Architect." September 26, 1880.

Watson, Stephen T. "Professor Builds Case for Barbie as Architect." *Buffalo*

News, February 7, 2010.

Weimann, Jeanne Madeline. The Fair Women. Chicago: Academy Chicago, 1981.

Weisman, Leslie Kanes. *Discrimination by Design: A Feminist Critique of the Man-Made Environment*. Urbana: University of Illinois Press, 1992.

———. "A Feminist Experiment: Learning from WSPA, Then and Now." In *Architecture: A Place for Women*, ed. Ellen Perry Berkeley and Matilda McQuaid, 125-33. Washington, DC: Smithsonian Institution Press, 1989.

Weisman, Leslie Kanes, and Noel Phyllis Birkby. "The Women's School of Planning and Architecture." In *Learning Our Way: Essays in Feminist Education*, ed. Charlotte Bunch and Sandra Pollack, 224-45. Trumansburg, NY: Crossing Press, 1983.

Willis, Beverly. "The Lone Heroic Architect Is Passé." Opinion pages, *New York Times*, July 15, 2014. http://www.nytimes.com/roomfordebate/2013/05/14/married-to-an-award-winner/the-lone-heroic-architect-is-passe.

Willis, Eric. "Five Firm Changes." *Architect*, October 2014, 116-24.

Willis, Julie, and Bronywyn Hanna. *Women Architects in Australia*, 1900-1950. Red Hill, Australia: Royal Australian Institute of Architects, 2001.

Winston, Anna. "Mattel Reveals Architect Barbie." *BDonline*, February 21, 2011. http://www.bdonline.co.uk/mattel-reveals-architect-barbie/5013692.article.

———. "The Top 10 News Stories of 2011." B*Donline*, December 30, 2011. http://www.bdonline.co.uk/the-top-10-news-stories-of-2011/5029650.article.

Woodward, Helen. "The Woman Who Makes Good: Women as Architects." *Chicago Defender*, June 10, 1933.

Wright, Gwendolyn. "On the Fringe of the Profession: Women in American Architecture." In *The Architect: Chapters in the History of the Profession*, ed. Spiro Kostof, 280-308. New York: Oxford University Press, 1977.

부록

한국 여성 건축가 통계

○ 여성 ● 남성

교육

1. 건축학과 재학생 남녀 성비

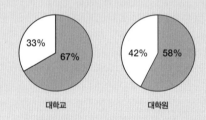

33% 67%

대학교

42% 58%

대학원

3. 주요 대학 건축학과 전임교수

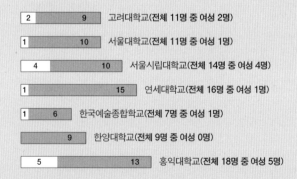

2	9	고려대학교(전체 11명 중 여성 2명)
1	10	서울대학교(전체 11명 중 여성 1명)
4	10	서울시립대학교(전체 14명 중 여성 4명)
1	15	연세대학교(전체 16명 중 여성 1명)
1	6	한국예술종합학교(전체 7명 중 여성 1명)
	9	한양대학교(전체 9명 중 여성 0명)
5	13	홍익대학교(전체 18명 중 여성 5명)

● 출처 | 교육통계연보(2017), 각 대학 웹사이트(2018)

취업 및 활동

1. 졸업생의 취업률(건강보험 및 국세DB연계 취업률)

| 74.7% | (전체 여성 졸업생 중 74.7%가 취업) |
| 86.4% | (전체 남성 졸업생 중 86.4%가 취업) |

2. 건축사

11.4%

88.6%

3. 대한건축사협회 임원

| 1 | 19 | (전체 20명 중 여성 1명) |

4. 새건축사협의회 임원

| 5 | 19 | (전체 24명 중 여성 5명) |

5. 대한건축학회 임원

| 1 | 30 | (전체 31명 중 여성 1명) |

● 출처 │ 한국교육개발원(2016), 통계청(2017), 대한건축사협회 웹사이트(2018),
새건축사협의회 웹사이트(2018), 대한건축학회 웹사이트(2018)

건축상

1. 한국건축문화대상 대상 수상작(1992년~)

| 4 | 63 | (전체 67개 중 여성작품은 4개) |

2. 한국건축문화대상 올해의 건축문화인상 수상자(2004년~)

| 14 | (전체 14명 중 여성은 0명) |

3. 젊은건축가상 수상자(2008년~)

| 15 | 44 | (전체 59명 중 여성은 15명) |

4. 한국건축가협회상 골드 메달 수상자(2014년~)

| 5 | (전체 5명 중 여성은 0명) |

● 출처 | 각 건축상 웹사이트(2018)

건축상 수상자(국내)

한국건축문화대상

1992 김석철 종합건축사사무소 (주)아키반/ 시화 한샘공장

1993 김희수/ 헌법재판소

1994 문정일 (주)우원종합건축사사무소/ 민정학원

1995 지순 (주)간삼건축, 심인보(주)POS-A.C/ 포스코 센터

1996 윤승중, 변용, 김석주 (주)원도시건축/ 대법원청사

1997 (주)T.S.K건축, (주)창조건축/ LG화학 기술연구원

1998 노형래 (주)건정종합건축, 배기업 명신건축사사무소, 서정대 디에스티종합건축/
울산현대 예술관

1999 해당자 없음

2000 조남호 (주)솔토건축사사무소/ GUEST HOUSE

2001 조성룡 (주)건축사사무소조성룡도시건축/ 의재미술관

2002 이상림 (주)공간종합건축사사무소/ 부산 아시아드 주경기장

2003 안길원 (주)무영종합건축사사무소/ 시몬느 사옥

2004 〔비주거건축물〕 김상식(주)금성 종합건축사사무소/ 광주광역시청사

　　　　〔주거건축물〕 (주)종합건축사사무소 건원/ 아이파크 삼성동

2005 〔비주거건축물〕 이상림, 강희성 (주)공간 종합건축사사무소/ 달성군청사

　　　　〔주거건축물〕 박승 (주)삼우 종합건축사사무소, S.O.M/ 타워팰리스Ⅲ

2006 〔사회공공부문〕 김정철 (주)정림건축 종합건축사사무소/ 청계천 문화관

　　　　〔민간부문〕 이인호 (주)이래 종합건축사사무소/ 해송원

　　　　〔공동주거부문〕 정영균 (주)희림 종합건축사사무소/ 솔빛 머금은 남쪽마을...

　　　　〔일반주거부문〕 임재용 건축사사무소 O.C.A/ 오름-묵방리 주택

2007 〔사회공공부문〕 인의식 (주)종합건축사사무소 연미건축/ 덕평자연휴게소

　　　　〔민간부문〕 정승권 (주)건축사사무소 아프키움/ 파주웅진씽크빅사옥

　　　　〔공동주거부문〕 박용민 (주)종합건축사사무소 명선엔지니어링/ The # 스타시티

　　　　〔일반주거부문〕 박인수 (주)아이아크 건축사사무소/ 배재대학교 국제언어생활관

2008 〔사회공공부문〕 이성관 (주)건축사사무소 한울건축/
　　　　　　　　숭실대학교 조만식기념관 & 웨스트민스터홀

　　　　〔민간부문〕 신춘규 (주)건축사사무소 시그에이/ 아임삭 오창공장

　　　　〔공동주거부문〕 이승연 (주)원양 건축사사무소/ 김포 수기마을 힐스테이트

	[일반주거부문] 최삼영 (주)가와 종합건축사사무소/ 동백 아펠바움
2009	**[사회공공부문]** 김용미 (주)금성 종합건축사사무소/ 서울남산국악당
	[민간부문] 박기수 (주)건축사사무소 매스스터디스/ 부띠크 모나코
	[공동주거부문] 정영균 (주)희림 종합건축사사무소/ 은평뉴타운 현대 IPARK
	[일반주거부문] 이성관 (주)건축사사무소 한울건축/ 반포 577
2010	**[사회공공부문]** 유걸 (주)아이아크 건축사사무소/ 도시축전기념관(트라이-볼)
	[민간부문] 이성관 (주)건축사사무소 한울건축/ 탄허대종사기념박물관
	[공동주거부문] 정영균 (주)희림 종합건축사사무소/ 성남판교 대림휴먼시아
	[일반주거부문] 서윤주 주)디안 건축사사무소/ 동탄 솔리움 타운하우스
2011	**[사회공공부문]** 김상식 (주)금성 종합건축사사무소/ 고산 윤선도 유물전시관
	[민간부문] 정영균 (주)희림 종합건축사사무소/ SK 케미칼 연구소
	[공동주거부문] 김회훈 (주)종합건축사사무소 건원/ 성남 판교 산운마을 7단지
	[일반주거부문] 인의식 (주)종합건축사사무소 연미건축/ 레티스 하우스
2012	**[사회공공부문]** 이흥재 (주)비드 종합건축사사무소/ 서천 '봄의 마을'
	[민간부문] 박기수 (주)건축사사무소 매스스터디스/ 다음 스페이스닷원
	[공동주거부문] 김회훈 (주)종합건축사사무소 건원/ 해운대 IPARK
	[일반주거부문] 오세왕 (주)지디엘 건축사사무소/ 빌라드 와이
2013	**[사회공공부문]** 조성룡 (주)건축사사무소 조성룡 도시건축/ 이응노의 집, 고암 이응노 생가 기념관
	[민간부문] 강인철 (주)가아 건축사사무소/ 숭실대학교 학생회관
	[공동주거부문] 해당작 없음
	[일반주거부문] 최재원 주식회사 디자인그룹오즈 건축사사무소/ 문정동 보금자리 주택
2014	**[사회공공부문]** 민현준 (주)건축사사무소 엠피아트/ 국립 현대미술관 서울관
	[민간부문] 김진규 (주)휴다임 건축사사무소/ 풀무원 로하스 아카데미
	[공동주거부문] 박종기 (주)종합건축사사무소 이웨스/ 메세나 폴리스
	[일반주거부문] 방철린 칸 종합건축사사무소 주식회사/ 제주 스테이 비우다
2015	**[사회공공부문]** 유태용 (주)테제건축사사무소/ 서울대학교 관정도서관
	[민간부문] 조병욱 (주)서아키텍스 건축사사무소/ 전북현대 축구단 클럽하우스
	[공동주거부문] 이민아 건축사사무소 협동원/ 서울강남지구 A4BL 공동주택
	[일반주거부문] 황준 황준도시 건축사사무소/ S주택
2016	**[사회공공부문]** 고성호 (주)종합건축사사무소 건원/ 판교테크노밸리 스타트업 캠퍼스
	[민간부문] 최현재 (주)현대종합설계건축사사무소/ 씨마크 호텔
	[공동주거부문] 김동수 (주)선진엔지니어링 종합건축사사무소/ LH 강남 힐스테이트
	[일반주거부문] 곽희수 (주)이엔 건축사사무소/ 유 리트리트

2017	**(사회공공부문)** 이길환 (주)길건축사사무소/ 전라북도 과학교육원
	(민간부문) 김진구 (주)정림건축종합건축사사무소/ 현대해상 하이비전센터
	(공동주거부문) 오성제 에이앤유디자인그룹건축사사무소(주)/
	아크로리버파크 반포(신반포1차 재건축아파트)
	(일반주거부문) 민규암 토마건축사사무소/ 기억의 사원
2018	**(사회공공부문)** 정영균 (주)희림종합건축사사무소/ 인천국제공항 제2여객터미널
	(민간부문) 윤세한 (주)해안종합건축사사무소/ 아모레퍼시픽 본사사옥
	(공동주거부문) 정영균 (주)희림종합건축사사무소/
	세종 중흥S-클래스 센텀시티 2-1생활권 M2, L2블록
	(일반주거부문) 이주한 (주)피그건축사사무소/ 밝은 다세대주택

한국건축문화대상 - 올해의 건축문화인상

2004	이창남, 김석철
2005	한국내셔널트러스트
2006	김종성
2007	이리형
2008	신영훈
2009	김정식
2010	이순조
2011	박길룡
2012	김영종
2013	김창수
2014	변용
2015	제해성
2016	류춘수
2017	이근창

젊은건축가상

2008	김동진, 신승수, **유석연**, 윤웅원 & **김정주**, 임도균 & 조준호
2009	유현준, 조한, 임지택, **김현진**, **최성희** & Laurent Pereira
2010	이기용, 이정훈, 임영환 & **김선현**, 전병욱 & 강진구, 정기정
2011	김창균, 박인수, 장영철 & **전숙희**
2012	권형표 & **김순주**, 이동준, **이소진**
2013	**신혜원**, 조장희 & 원유민 & 안현희, 김주경 & 최교식
2014	곽상준 & **이소정**, 김민석 & 박현진, 김수영
2015	**강예린** & **이재원** & 이치훈, **이은경**, 조진만
2016	김현석, 신민재 & 안기현, 이승택 & **임미정**
2017	강제용 & 전종우, 국형걸, 서재원 & 이의행
2018	문주호 & 임지환 & 조성현, 김이홍, 남정민

한국건축가협회상 골드 메달

2014	김종성
2015	윤승중
2016	유걸
2017	황일인
2018	김인철

건축상 수상자(국외)

프리츠커상

1979	필립 존슨(Philip Johnson)
1980	루이스 바라간(Luis Barragán)
1981	제임스 스털링(James Stirling)
1982	케빈 로치(Kevin Roche)
1983	이오 밍 페이(Ieoh Ming Pei)
1984	리처드 마이어(Richard Meier)
1985	한스 홀라인(Hans Hollein)
1986	고트프리트 뵘(Gottfried Böhm)
1987	단게 겐조(Tange Kenzo)
1988	오스카르 니에메예르(Oscar Niemeyer), 고든 번새프트(Gordon Bunshaft)
1989	프랭크 게리(Frank Gehry)
1990	알도 로시(Aldo Rossi)
1991	로버트 벤투리(Robert Venturi)
1992	알바로 시자 비에이라(Álvaro Siza Vieira)
1993	마키 후미히코(Maki Fumihiko)
1994	크리스티앙 드 포르장파르크(Christian de Portzamparc)
1995	안도 다다오(Ando Tadao)
1996	라파엘 모네오(Rafael Moneo)
1997	스베레 펜(Sverre Fehn)
1998	렌조 피아노(Renzo Piano)
1999	노먼 포스터(Norman Foster)
2000	렘 콜하스(Rem Koolhaas)
2001	자크 에르조그(Jacques Herzog) & 피에르 드 뫼롱(Pierre de Meuron)
2002	글렌 머컷(Glenn Murcutt)
2003	요른 웃손(Jørn Utzon)
2004	자하 하디드(Zaha Hadid)
2005	톰 메인(Thom Mayne)
2006	파울루 멘데스 다 호샤(Paulo Mendes da Rocha)
2007	리처드 로저스(Richard Rogers)

2008	장 누벨(Jean Nouvel)
2009	페터 춤토르(Peter Zumthor)
2010	세지마 가즈요(Sejima Kazuyo) & 니시자와 류에(Nishizawa Ryue)
2011	에두아르두 소투 드 모라(Eduardo Souto de Moura)
2012	왕수(Wang Shu)
2013	이토 도요(Ito Toyo)
2014	반 시게루(Ban Shigeru)
2015	프라이 오토(Frei Otto)
2016	알렉한드로 아라베나(Alejandro Aravena)
2017	RCR 아르끼떽또스(RCR Arquitectes) : 라파엘 아란다(Rafael Aranda) & 까르메 피젬(Carme Pigem) & 라몬 빌랄타(Ramón Vilalta)
2018	발크리시나 도시(Balkrishna Doshi)

미국건축가협회 골드 메달

1907	웨브 경(Sir Aston Webb)
1909	찰스 폴른 매킴(Charles Follen McKim)
1911	조지 브라운 포스트(George Browne Post)
1914	장 루이 파스칼(Jean-Louis Pascal)
1920	에저턴 스와트와웃(Egerton Swartwout)
1922	빅토르 라루(Victor Laloux)
1923	헨리 베이컨(Henry Bacon)
1925	베르트람 그로스베너 굿휴(Bertram Grosvenor Goodhue)
1925	에드윈 루티엔스 경(Sir Edwin Landseer Lutyens)
1927	하워드 반 도렌 쇼(Howard Van Doren Shaw)
1929	밀턴 베넷 메더리(Milton Bennett Medary)
1933	랑나르 외스트베리(Ragnar Östberg)
1938	폴 필리프 크레(Paul Philippe Cret)
1944	루이스 헨리 설리번(Louis Henri Sullivan)
1947	엘리엘 사리넨(Eliel Saarinen)
1948	찰스 도나 마기니스(Charles Donagh Maginnis)
1949	프랭크 로이드 라이트(Frank Lloyd Wright)
1950	패트릭 애버크롬비 경(Sir Patrick Abercrombie)

1951	버나드 랄프 메이백(Bernard Ralph Maybeck)
1952	오귀스트 페레(Auguste Perret)
1953	윌리엄 애덤스 델라노(William Adams Delano)
1954	수상자 없음
1955	빌럼 마리노스 뒤독(Willem Marinus Dudok)
1956	클래런스 스타인(Clarence S. Stein)
1957	루이스 스키드모어(Louis Skidmore)
1957	랠프 워커(Ralph Walker)
1958	존 웰본 루트(John Wellborn Root)
1959	발터 아돌프 그로피우스(Walter Adolph Gropius)
1960	루트비히 미스 반 데어 로에(Ludwig Mies van der Rohe)
1961	르 코르뷔지에(Le Corbusier)
1962	에로 사리넨(Eero Saarinen)
1963	알바 알토(Alvar Aalto)
1964	발타자르 코라브(Balthazar Korab)
1964	피에르 루이지 네르비(Pier Luigi Nervi)
1965	수상자 없음
1966	단게 겐조(Tange Kenzo)
1967	월리스 커크먼 해리슨(Wallace Kirkman Harrison)
1968	마르셀 라요스 브로이어(Marcel Lajos Breuer)
1969	윌리엄 윌슨 워스터(William Wilson Wurster)
1970	버크민스터 풀러(Buckminster Fuller)
1971	루이스 칸(Louis I. Kahn)
1972	피에트로 벨루스키(Pietro Belluschi)
1973	수상자 없음
1974	수상자 없음
1975	수상자 없음
1976	수상자 없음
1977	리하르트 노이트라(Richard Neutra)
1978	필립 존슨(Philip Johnson)
1979	이오 밍 페이(Ieoh Ming Pei)
1980	수상자 없음
1981	호세 루이스 세르트(Josep Lluís Sert)
1982	로말도 지우르골라(Romaldo Giurgola)
1983	나다니엘 알렉산더 오윙스(Nathaniel Alexander Owings)

1984	수상자 없음
1985	윌리엄 웨인 코딜(William Wayne Caudill)
1986	아서 찰스 에릭슨(Arthur Charles Erickson)
1987	수상자 없음
1988	수상자 없음
1989	조셉 에셔릭(Joseph Esherick)
1990	페이 존스(E. Fay Jones)
1991	찰스 윌러드 무어(Charles Willard Moore)
1992	벤저민 톰프슨(Benjamin C. Thompson)
1993	케빈 로치(Kevin Roche)
1993	토머스 제퍼슨(Thomas Jefferson)
1994	노먼 포스터 경(Sir Norman Foster)
1995	시저 펠리(César Pelli)
1996	수상자 없음
1997	리처드 마이어(Richard Meier)
1998	수상자 없음
1999	프랭크 게리(Frank Gehry)
2000	리카르도 레고레타(Ricardo Legorreta)
2001	마이클 그레이브스(Michael Graves)
2002	안도 다다오(Ando Tadao)
2003	수상자 없음
2004	새뮤얼 모크비(Samuel Mockbee)
2005	산티아고 칼라트라바(Santiago Calatrava)
2006	안톤 프레덕(Antoine Predock)
2007	에드워드 라라비 반스(Edward Larrabee Barnes)
2008	렌조 피아노(Renzo Piano)
2009	글렌 머컷(Glenn Murcutt)
2010	피터 보린(Peter Bohlin)
2011	마키 후미히코(Maki Fumihiko)
2012	스티븐 홀(Steven Holl)
2013	톰 메인(Thom Mayne)
2014	**줄리아 모건**(Julia Morgan)
2015	모셰 사프디(Moshe Safdie)
2016	로버트 벤투리(Robert Venturi) & **데니즈 스콧 브라운**(Denise Scott Brown)

| 2017 | 폴 리비어 윌리엄스(Paul Revere Williams) |
| 2018 | 제임스 스튜어트 폴섹(James Stewart Polshek) |

영국왕립건축가협회 로열 골드 메달

1848	찰스 로버트 콕카렐(Charles Robert Cockerell)
1849	루이지 카니나(Luigi Canina)
1850	찰스 배리 경(Sir Charles Barry)
1851	토머스 레버턴 도널드슨(Thomas Leverton Donaldson)
1852	레오 폰 클렌체(Leo von Klenze)
1853	로버트 스머크 경(Sir Robert Smirke)
1854	필립 하드윅(Philip Hardwick)
1855	자크 이냐스 히토르프(Jacques Ignace Hittorff)
1856	윌리엄 타이트 경(Sir William Tite)
1857	오언 존스(Owen Jones)
1858	프리드리히 아우구스트 슈륄러(Friedrich August Stüler)
1859	조지 길버트 스코트 경(Sir George Gilbert Scott)
1860	시드니 스머크(Sydney Smirke)
1861	장 바티스트 르쉬외르(Jean-Baptiste Lesueur)
1862	로버트 윌리스(Robert Willis)
1863	앤서니 살빈(Anthony Salvin)
1864	외젠 비올레르뒤크(Eugène Viollet-le-Duc)
1865	제임스 페네도온 경(Sir James Pennethorne)
1866	매슈 딕비 와이엇 경(Sir Matthew Digby Wyatt)
1867	샤를 텍시에(Charles Texier)
1868	오스틴 헨리 레이어드 경(Sir Austen Henry Layard)
1869	카를 리하르트 렙시우스(Karl Richard Lepsius)
1870	벤자민 페리(Benjamin Ferrey)
1871	제임스 퍼거슨(James Fergusson)
1872	프리드리히 폰 슈미트(Friedrich von Schmidt)
1873	토머스 헨리 와이엇(Thomas Henry Wyatt)
1874	조지 에드먼드 스트리트(George Edmund Street)
1875	에드먼드 샤프(Edmund Sharpe)

1876	조제프루이 뒤크(Joseph-Louis Duc)
1877	찰스 배리(Charles Barry)
1878	알프레드 워터하우스(Alfred Waterhouse)
1879	멜키오르 드 보그에(Melchior de Vogüé)
1880	존 러프버러 피어슨(John Loughborough Pearson)
1881	조지 고드윈(George Godwin)
1882	하인리히 폰 페르스텔(Heinrich von Ferstel)
1883	프랜시스 펜로즈(Francis Penrose)
1884	윌리엄 버터필드(William Butterfield)
1885	하인리히 슐리만(Heinrich Schliemann)
1886	샤를 가르니에(Charles Garnier)
1887	이완 크리스티안(Ewan Christian)
1888	테오필 한센(Baron Theophil von Hansen)
1889	찰스 토머스 뉴턴 경(Sir Charles Thomas Newton)
1890	존 깁슨(John Gibson)
1891	아서 블롬필드 경(Sir Arthur Blomfield)
1892	세자르 데일리(César Daly)
1893	리처드 모리스 헌트(Richard Morris Hunt)
1894	로드 레이턴(Lord Leighton)
1895	제임스 브룩스(James Brooks)
1896	어니스트 조지 경(Sir Ernest George)
1897	피에르 카이퍼스(Pierre Cuypers)
1898	조지 애치슨(George Aitchison)
1899	조지 프레더릭 보들리(George Frederick Bodley)
1900	로돌포 란치아니(Rodolfo Lanciani)
1901	수상자 없음
1902	토머스 에드워드 콜커트(Thomas Edward Collcutt)
1903	찰스 폴른 매킴(Charles Follen McKim)
1904	오귀스트 슈와지(Auguste Choisy)
1905	애스턴 웨브 경(Sir Aston Webb)
1906	로렌스 알마타데마 경(Sir Lawrence Alma-Tadema)
1907	존 벨처(John Belcher)
1908	오노레 도메(Honoré Daumet)
1909	아서 에번스 경(Sir Arthur Evans)
1910	토머스 그레이엄 잭슨 경(Sir Thomas Graham Jackson)

1911	빌헬름 되르프펠트(Wilhelm Dörpfeld)
1912	바실 챔프니(Basil Champneys)
1913	레지날드 블롬필드 경(Sir Reginald Blomfield)
1914	장 루이 파스칼(Jean-Louis Pascal)
1915	프랭크 달링(Frank Darling)
1916	로버트 로완드 앤더슨 경(Sir Robert Rowand Anderson)
1917	앙리 폴 네노(Henri Paul Nénot)
1918	어니스트 뉴턴(Ernest Newton)
1919	레너드 스토크스(Leonard Stokes)
1920	샤를 지로(Charles Girault)
1921	에드윈 루티엔스 경(Sir Edwin Lutyens)
1922	토머스 헤이스팅스(Thomas Hastings)
1923	존 제임스 버넷 경(Sir John James Burnet)
1924	수상자 없음
1925	자일스 길버트 스콧 경(Sir Giles Gilbert Scott)
1926	랑나르 외스트베리(Ragnar Östberg)
1927	허버트 베이커 경(Sir Herbert Baker)
1928	가이 도버 경(Sir Guy Dawber)
1929	빅토르 라루(Victor Laloux)
1930	퍼시 워딩턴(Percy Worthington)
1931	에드윈 쿠퍼 경(Sir Edwin Cooper)
1932	헨드릭 페트뤼스 베를라허(Hendrik Petrus Berlage)
1933	찰스 리드 피어스 경(Sir Charles Reed Peers)
1934	헨리 본 란체스터(Henry Vaughan Lanchester)
1935	빌럼 마리노스 뒤독(Willem Marinus Dudok)
1936	찰스 홀든(Charles Holden)
1937	레이먼드 언윈 경(Sir Raymond Unwin)
1938	이바르 텡봄(Ivar Tengbom)
1939	토머스 퍼시 경(Sir Percy Thomas)
1940	찰스 보이지(Charles Voysey)
1941	프랭크 로이드 라이트(Frank Lloyd Wright)
1942	윌리엄 커티스 그린(William Curtis Green)
1943	찰스 허버트 라일리(Sir Charles Herbert Reilly)
1944	에드워드 마우프 경(Sir Edward Maufe)
1945	빅토르 베스닌(Victor Vesnin)

1946	패트릭 애버크롬비 경(Sir Patrick Abercrombie)
1947	앨버트 리처드슨 경(Sir Albert Richardson)
1948	오귀스트 페레(Auguste Perret)
1949	하워드 로버트슨 경(Sir Howard Robertson)
1950	엘리엘 사리넨(Eliel Saarinen)
1951	이매뉴얼 빈센트 해리스(Emanuel Vincent Harris)
1952	조지 그레이 워넘(George Grey Wornum)
1953	르 코르뷔지에(Le Corbusier)
1954	아서 조지 스티븐슨 경(Sir Arthur George Stephenson)
1955	존 머리 이스턴(John Murray Easton)
1956	발터 그로피우스(Walter Gropius)
1957	알바 알토(Alvar Aalto)
1958	로버트 스코필드 모리스(Robert Schofield Morris)
1959	루트비히 미스 반 데어 로에(Ludwig Mies van der Rohe)
1960	피에르 루이지 네르비(Pier Luigi Nervi)
1961	루이스 멈퍼드(Lewis Mumford)
1962	스벤 마르켈리우스(Sven Markelius)
1963	윌리엄 홀포드(William Holford, Baron Holford)
1964	에드윈 맥스웰 프라이(Edwin Maxwell Fry)
1965	단게 겐조(Tange Kenzo)
1966	오브 아럽(Ove Arup)
1967	니콜라우스 페브스너 경(Sir Nikolaus Pevsner)
1968	버크민스터 풀러(Buckminster Fuller)
1969	잭 코이아(Jack Coia)
1970	로버트 매슈(Robert Matthew)
1971	휴버트 드 크로닌 헤이스팅스(Hubert de Cronin Hastings)
1972	루이스 칸(Louis I Kahn)
1973	레슬리 마틴 경(Sir Leslie Martin)
1974	파월 & 모야(Powell and Moya)
1975	마이클 스콧(Michael Scott)
1976	존 서머슨 경(Sir John Summerson)
1977	데니스 라스던 경(Sir Denys Lasdun)
1978	요른 웃손(Jørn Utzon)
1979	찰스 임스 & 레이 임스(Charles and Ray Eames)
1980	제임스 스털링(James Stirling)

1981	필립 다우슨 경(Sir Philip Dowson)
1982	베르톨트 루베트킨(Berthold Lubetkin)
1983	노먼 포스터 경(Sir Norman Foster)
1984	찰스 코레아(Charles Correa)
1985	리처드 로저스 경(Sir Richard Rogers)
1986	이소자키 아라타(Isozaki Arata)
1987	랠프 어스킨(Ralph Erskine)
1988	리처드 마이어(Richard Meier)
1989	렌조 피아노(Renzo Piano)
1990	알도 반 아이크(Aldo van Eyck)
1991	콜린 스탠스필드 스미스(Colin Stansfield Smith)
1992	피터 라이스(Peter Rice)
1993	잔카를로 데 카를로(Giancarlo De Carlo)
1994	마이클 홉킨스 & 퍼트리샤 홉킨스(Michael and Patricia Hopkins)
1995	콜린 로우(Colin Rowe)
1996	해리 자이들러(Harry Seidler)
1997	안도 다다오(Ando Tadao)
1998	오스카르 니에메예르(Oscar Niemeyer)
1999	바르셀로나(City of Barcelona)
2000	프랭크 게리(Frank Gehry)
2001	장 누벨(Jean Nouvel)
2002	아키그램(Archigram)
2003	라파엘 모네오(Rafael Moneo)
2004	렘 콜하스(Rem Koolhaas)
2005	프라이 오토(Frei Otto)
2006	이토 도요(Ito Toyo)
2007	헤르초크 & 드 뫼롱(Herzog & de Meuron)
2008	에드워드 컬리넌(Edward Cullinan)
2009	알바로 시자 비에이라(Álvaro Siza Vieira)
2010	이오 밍 페이(Ieoh Ming Pei)
2011	데이비드 치퍼필드(David Chipperfield)
2012	헤르만 헤르츠버거(Herman Hertzberger)
2013	페터 춤토르(Peter Zumthor)
2014	조셉 리쿼트(Joseph Rykwert)
2015	오도넬 + 투메이(O'Donnell + Tuomey)

참고할 만한 웹사이트

1. 한국여성건축가협회
   http://www.kifaonline.com/
   여성 건축가의 능력 향상과 권익 증진을 위해 한국에서 설립된 단체이다. 1982년 창립된 이후 꾸준한 활동을 하고 있다.

2. 에이플래폼
   http://a-platform.co.kr/
   건축사 소개, 채용정보, 뉴스, 칼럼 등 다양한 정보를 모아 제공하는 건축 플랫폼이다. 대중이 건축을 쉽게 이해할 수 있도록 돕는다.

3. 국제 여성 건축가 기록보관소(IAWA)
   http://spec.lib.vt.edu/IAWA/
   1985년 버지니아 공과대학교에서 설립했다. 여성 건축가들의 활약상을 기록하고 보존한다.

4. 다이내믹 내셔널 아카이브(DNA)
   http://dna.bwaf.org/
   베벌리 윌리스 건축 재단의 기록보관소로, 미국 여성 건축가의 작업물을 검색할 수 있다.

5. 과거와 현재의 여성들(Distinguished Woman of Past and Present)
   http://www.distinguishedwomen.com/index.php/
   건축, 디자인, 교육 등 다양한 분야에서 활약한 여성들을 소개하는 사이트이다.

우리는 여성, 건축가입니다
Where Are the Women Architects?

초판 1쇄 인쇄일 2018년 11월 20일
초판 1쇄 발행일 2018년 11월 30일

지 은 이 | 데스피나 스트라티가코스
옮 긴 이 | 김다은

펴 낸 이 | 김효형
펴 낸 곳 | (주)눌와
등록번호 | 1999.7.26. 제10-1795호
주　　소 | 서울시 마포구 월드컵북로16길 51, 2층
전　　화 | 02. 3143. 4633
팩　　스 | 02. 3143. 4631
페이스북 | www.facebook.com/nulwabook
블 로 그 | blog.naver.com/nulwa
전자우편 | nulwa@naver.com

편　　집 | 김영은, 김선미, 김지수
디 자 인 | 이현주
마 케 팅 | 홍선민
제작진행 | 공간
인　　쇄 | 비전프린팅
제　　본 | 상지사P&B